Прво издање

RAD

Београд 2015.

Славко В. Никић
Доктор Томан

Лектура и коректура:
Научна КМД

Технички уредник:
Иван Дамјановић

Славко В. Никић

ДОКТОР ТОМАН

RAD

Београд 2015.

ПРЕДГОВОР

Oбјављивањем своје претпоследње књиге „Командантне убице" – Приче из пакла, аутор Славко Никић је на оптуженичку клупу извео 156 шиптарских монструма и зликоваца, и натерао светску силу да објави списак одговорних за тероризам на Косову и Метохији. Читао сам је као успешан и перфектно урађен полицијски извештај. Са великом знатижељом очекивао сам нови роман са истинским дивљењем за храброст ове људине, чија је нова књига данас пред нама.

Ако бих писање овог храброг, интелигентног и образованог човека упоредио са академским напредовањем, па „Командантне убице" назвао његовим магистарским радом, онда је књига „ Доктор Томан " пишчева одлично урађена докторска дисертација.

Пишући своју најновију књигу Славко Никић се упустио у ризичан корак да пером и вештином књижевника обради тему којом се бавио док је још био оперативац МУП-а. Успео је да ме остави у дилеми да ли је још увек у том послу, по принципу „једном полицајац, увек полицајац".

Како год било, аутор је својим романом заснованим на истинитом догађају обухватио и овековечио истину о болесним умовима данашњице, који су били наше комшије, људи са којима смо доскора живели у заједништву, успели да увуку у свој бестијални „пројекат" киднаповања, малтретирања, мучења, и на крају одвођења у кланицу Србе којима су вадили органе, да би их главни идеолози потом скупо продали на светској „пијаци".

Аутор, дакле, обавештава најширу јавност о злочинима којима би по природи ствари требало да се баве надлежне институције државе Србије, али за које њени званичници немају ни петљу ни вољу, иако за то примају плате. Не боли такве, назови Србе, патња, бол и нестанак више од 2.000 сународника. Нити их брине где тим несрећницима пропадају и труну кости, имају ли обележја, да се зна где почивају. И да ли почивају „у комаду", или без бубрега, јетре, срца, плућа и осталих органа, који су не тако давно за наше комшије били само тражена роба, са добром ценом на светском тржишту.

У овој књизи представио нам се Славко књижевник, не марећи да ли је написао роман или службену белешку. У сваком случају пред нама је прича из пера мајстора заната. На основу информација о догађајима, он супериорно испреда причу, као да је био на лицу места. Храбро прозива монструме по имену и презимену, и не преза да пред моћницима прича о умешаности појединаца из УН у трговини људским органима. Тако, уједно, нама „обичним" смртницима отвара очи и помаже нам да схватимо зашто досадашња истрага није дала никакве резултате.

Исписујући историју и догађаје са Косова и Метохије, аутор није дозволио другима да буду испред њега, јер ко може боље да зна шта се тамо дешавало од онога који се тамо родио, растао и дружио се са

Шиптарима једнако као Србима, а онда хапсио ондашње препродавце наркотика и ратовао на Космету против шиптарских сепаратиста. Зато свима који не трагају за 156 злочинаца, командантних убица, нека болно одзвања страдање једанаестогодишње девојчице Јоване, коју су пред мајком и баком силовали па спалили браћа Мазреку, и судбина доктора Томана, кога су киднаповали па одвезли у Тирану да вади органе својим сународницима. Свима онима који покушавају да изједначе жртве, Славко Никић каже – не може! Нису исто злочинци и жртве. И потврђује да је истински српски националиста, али никада шовиниста. Њега, напросто, једнако боли и злочин над невиним Шиптарима, које су њихови сународници ликвидирали само зато што нису хтели да убијају своје комшије Србе.

Аутор нас кроз причу одважно и динамично води од трафике у кругу болнице до вожње зеленом „ладом" и џипом УН преко граница Македоније и Албаније, где путнике поздрављају као људе, а уствари ту и нема људи, осим доктора Томана. Води нас беспућима земље орлова све до Тиране и војних полигона, где се налази приватна болница чији је фиктивни власник Албанац, „господин" Башким. Књигу сам читао у једном даху, напросто „гутајући" редове и странице, и на крају пожелео да је поново прочитам, не верујући у ужас који се догодио доктору Томану и његовим сународницима којима је морао да вади органе.

Као и претходне књиге Славка Никића, и ова ће сигурно изазвати полемику, јер није написана само зато што је аутор имао инспирацију, већ зато што је истинито сведочанство о страшним злочинима над Србима. Убеђен сам, зато, да ће „Доктор Томан“, ако има правде, бити и саставни део оптужнице у Међународном Суду у оснивању за ратне злочине на Косову и Метохији.

Својим „докторским радом“ Никић је задужио наставни кадар Полицијске академије да му ода почаст, јер је доказао да је научио више него што су му они пружили. Довео је оперативни рад до савршенства, а то је врхунски циљ сваког полицијаца, био он оперативац, аналитичар или позорник.

Веома сам захвалан Славку Никићу на исказаној храбрости да не пр(о)еда Косово и Метохију, што се бори за свој завичај, свој град, улицу у којој је порастао. Сва наша сећања су у његовој мисли и речи, у помену наше браће која су остала – не знамо где.

Небојша Николић

мирнодопски и ратни капетан
Српске полиције,

генерални директор ИП „Рад“
Рад Београд

„Реконструкција" догађаја

Свет у коме живимо каже да историју пишу победници. Не пристајем на такву поделу, и желим да сведочим о времену зла које живимо почев од 90-их година прошлога века, ма коликим губитником ме звали. Кад то зло прође, а мораће, доћи ће моје време и време огромне већине мојих сународника који знају да су истински победници они који нису изгубили душу.

Рат никада није могао да буде боља будућност од мира. То су знали сви који су почев од 1999. године, када је НАТО пакт без одобрења Савета безбедности Уједињених нација извршио бруталну агресију на Савезну Републику Југославију, одлазили са простора Косова и Метохије, али и они који су тамо остајали и опстајали. Боље од њих то су знали само они који нису преживели, они које су албански терористи киднаповали, давали им лажну бесу (обећање да ће дата реч бити испоштована) у коју су отети Срби, Црногорци и Роми веровали више од њих самих, јер су својим крвницима после добијене бесе прилазили без отпора. Онима који су лагали да ће одржати бесу у име Алаха, у име албанског народа, а нису је одржали. Својим комшијама, познатим и непознатим Албанцима, свима који су им давали бесу да им се ништа лоше неће догодити, безрезервно је веровало и оних више од 2.000 Срба којима се заувек изгубио траг.

Накнадно сазнање да баш ништа не треба веровати ономе ко нешто обећава док у руци држи оружје, они су касније платили животом. Убили су их Албанци који су од мита званог беса, лажно представљеног као највећа и највреднија заклетва по којој их, наводно, препознаје цео свет, а коју су они спремни да погазе и уновче чак и људско тело. Или невину душу, попут душе мале Јоване коју су у селу Клечка киднаповали, силовали, а потом спалили пред мајком и баком албански терористи Љуан и Беким Мазреку, чији је врховни командант био Хашим Тачи.

Када пишем о терористима који су киднаповали моју браћу, моје сународнике, и кажем да су они само обичне кукавице и лопови, а не хероји, исто мислим и о Србима који су се усудили да спусте прст на невину албанску душу или некога ко није био у стању да им пружи отпор. Убице су исти, само носе различите униформе и различито поступају са жртвама.

Знамо то из историје, која нас је учила да су вековима разни окупатори, а посебно турски освајачи, трагали како да неко други за њихов рачун убија Србе. Дошли су до монструозног решења које је читавих 500 година било на снази у Србији. Зулумћари су као звери отимали Српкињама децу из наручја, одводили их у Турску где су их васпитали да мрзе и кољу све што није турско. Били су то јаничари који су вековима убијали своју браћу, а народ о том проливању српске крви испевао и с колена на колено преносио епске песме.

У Првом светском рату, балканском, и Другом светском рату, опет се неко побринуо да Срби убијају Србе. Издајници и слуге окупатора су то радили здушно, не би ли задовољили уништитеље и затираче српског рода на овим просторима. И трагови њихових недела забележени су у бројним записима.

Онда су дошли комунисти, и поново применили тактику „Србе на Србе". Наиме, огроман број Срба и

Црногораца приволели су да на Голом отоку зверски муче и убијају Србе и Црногорце, неретко и најближе сроднике, или да једни друге убијају из стрељачких стројева широм Србије, само зато што су Срби. Тако су уништене на хиљаде српских породица.

У времену зла које и даље живимо, вероватно и највећег зла у историји цивилизације, смишљен је и најневероватнији начин убијања Срба од Срба.

Из српских породилишта, једино српских на подручју бивше Југославије, седамдесетих година почеле су да „нестају“ бебе, углавном мушке и углавном нулте крвне групе. Деца која су „нестала“ 70-их, 1991. могли су да буду војници, а ова која и данас „нестају“ биће регрутована у неком новом рату Срба против Срба.

Знам, оптужиће ме да ширим теорију завере, али ја ипак питам – због чега никада није покренута истрага о „нестанку“ беба из породилишта, и ко је тај ко онемогућава докторе, социјалне раднике, полицајце, матичаре и остале учеснике у продаји беба да проговоре. Та деца у перспективи могу да буду ововеки јаничари, нови Срби за убијање Срба, али преображени у Хрвате, Шиптаре, Словенце...или, можда, Немце, Швајцарце, Енглезе, Американце!

И то може да буде судбина Срба све док се не појави неки нови Вожд, који би вратио на усвајање члан 24 Карађорђевог Криминалног законика који гласи: „Који би се Србин уфатио и осведочио да тајно води... шпијунлук, да... род свој издаје, тај да се каштигује, да му се пребију обе ноге на два места, и обе руке, и тако жив да се дигне на коло и да се не скине док кост траје“.

Шиптари, или Албанци по наређењу, досад су отишли најдаље у убијању Срба. Оне које су киднаповали најпре су мучили, силовали, иживљавали се над њима на најмонструозније начине, а онда им вадили органе и продавали их као било коју другу робу по белом свету. Али ту није крај машти болесног ума.

Када су овладали стратегијом трговине људским органима, одлучили су да натерају Србе, или их приволе лажним информацијама о наводним „донорима“ органа и крви, да сами својој браћи ваде органе и узимају крв. Да, киднаповали су и лекаре српске националности који су то морали да раде.

Ова књига је романсирана прича заснована на трагичној судбини познатог српског лекара, начелника Хируршке службе у КБЦ Приштина, који је киднапован и одведен у Албанију где је у приватној болници натеран да вади органе Србима. Све остале сличности са стварним догађајима и личностима у роману су случајне.

О доктору Томану се, наравно, више ништа не зна, и баш због тога сам одлучио да га сачувам од заборава, а цео овај „случај“ оставим забележен, оним генерацијама које ће, ако буде правде и среће, можда покушати да се заинтересују за судбину чувеног доктора.

Дуго сам размишљао пре него што сам почео да пишем овај роман, али сам сматрао да темеље имам у личном ангажману који сам професионално и војнички имао на Косову и Метохији, у миру и рату 1999, али и после рата. И у књигама које сам већ написао о ратним догађањима, а које се суштински разликују од многих других књига на ту тему, јер су написане у складу са жељама њихових наручилаца који подржавају тезу да историју пишу победници. Чак и по цену да истина, ако треба, буде потпуно заобиђена, а генерацијама у наслеђе остављене отровне лажи.

Случај је хтео да су се нека моја лична истраживања „поклопила“ са сведочењима која сам слушао од мојих бивших комшија, рођака и пријатеља, међу којима је и покојни др Славиша Саша Добричанин. Последњи пут срели смо се 2009. године, када сам са млађом ћерком летовао у Лепетанима и био смештен код Милене Ралевић у непосредној близини Сашине куће. Заједно смо одлазили на плажу и тамо сатима причали о страдању српског народа са Косова и Метохије, посебно о невољама киднапованих и њихових породица.

Када сам му поменуо случај доктора Томана, и изнео сазнања која сам о њему имао, др Добричанин је, очигледно добро упознат с његовим случајем, одлучио да их допуни чињеницама којима је располагао. Урадио је то и као искрени пријатељ породице др Томана, знајући да сам написао већ неколико књига посвећених рату на Косову и Метохији, и верујући да ћу и др Томана отети од заборава.

Кад сам последњег дана летовања те 2009. године отишао да се поздравим са др Добричанином, на растанку ме је подсетио да би о доктору Томану требало писати са извесне временске дистанце. Упитао сам га када, а он је као кроз шалу одговорио: „Када умрем“!

Др Славиша Саша Добричанин упокојио се лета Господњег 2015. Покој му души и души доктора Томана, која је са књигом пред вама отишла у вечност.

У кругу КБЦ Приштина

„Милосрдни анђео" је и те априлске ноћи лета Господњег 1999. немилосрдно засипао Приштину својим убитачним НАТО бомбама „обогаћеним" осиромашеним уранијумом. Са једнаким жељама наменио их је својим пријатељима, косовским Албанцима, и својим непријатељима, Србима. Да и једне и друге заувек затру, у корену!

Клиничко - болнички центар у главном граду јужне српске покрајине, као и болничке установе по целој Србији, имао је у тим ратним условима посебну одговорност и невероватно много посла.

Доктор Томан, стручњак светског гласа и главни хирург КБЦ Приштина, дежурао је те ноћи са већ устаљеном екипом, у којој су поред њега били још анестезиолог, инструментарка, неколико медицинских сестара и чистачица. Ноћ им је била напорна, толико да су једва дочекали јутро на ногама.

Ипак, доктор Томан је и поред потребе да што пре стигне кући и заспи сном праведника, и овога јутра из болничке зграде кренуо право ка киоску на којем је свакога јутра куповао разне дневне новине и магазине, не би ли их у тренуцима предаха бар прелистао и прочитао наслове.

Као и сваки посвећеник свом послу, изашао је потпуно уморан и под утиском неочекиваног броја интервенција које је обавио те ноћи. Кроз главу су му пролазиле само слике појединих тешких случајева које је успео да реши упркос њиховој компликованости. Интимно задовољан постигнутим резултатима доктор Томан је преко болничког круга ходао спорим кораком, уздигнуте главе и благог осмеха за све који су му пожелели добро јутро. Помало деконцентрисан од истински напорне ноћи, скоро да је и заборавио на мере безбедности које су биле на снази од проглашења ратног стања, посебно за стручњаке високог ранга какав је и он био.

Могуће је и да је доктор Томан имао апсолутно поверење у наше службе безбедности и међународне чуваре КБЦ Приштина, када је безбрижно прилазио киоску који се налазио у близини службеног улаза у КБЦ. Њега су користили искључиво лекари који су при уласку или изласку из болничког круга желели да избегну сусрете са људима који су имали насушну потребу да за себе или некога свога ураде нешто преко „везе", без обзира да ли је за то постојала стварна потреба, или не. Јер, у Приштини је још увек била ствар престижа лично познанство са неким доктором, нарочито за „не дај Боже" ситуацију.

Откако је изашао из болничке зграде, доктор је осмехом поздрављао српске полиције који су били распоређени тако да су могли погледом да га прате до кола. Биле су то разумљиве и оправдане мере опреза, јер доктор Томан, Србин преклом из Црне Горе, важио је за једног од најбољих хирурга у целој Југославији, због чега је у ратним условима добио додатан изузетан значај.

Видно обележених возила полиције или војске није било на докторовом путу од болнице до киоска, само возила са редовним регистарским таблицама које ни албанске „кртице" у српској полцији не би могли да повежу са полицијом или војском. А шпијуна и издајника је било заиста много, и нажалост, многи су за ситне паре радили за Албанце, не марећи за српски национални интерес.

Сви полицајци који су бринули о безбедности доктора Томана и осталих посебно чуваних личности били су у цивилним оделима. У Приштину су доведени из централне Србије како Албанци, бивши полицајци који су самовољно напустили Службу МУП-а Србије, не би могли да их препознају.

И овога јутра они су били уверени да је све „под контролом", и такође осмехом отпоздрављали уваженог доктора Томана. Ништа није указивало да је он последњи пут изашао из болнице у којој је прошле ноћи и деценијама пре тога спасавао људске животе, са једнаком преданошћу Србима и Албанцима, Ромима и Горанцима...

Доктор није могао ни да сања да је себи потписао смртну казну када је, без обзира на инструкције да то не ради, тог кобног априлског јутра отишао до трафике да би купио дневну штампу.

Радио је то деценијама уназад, и те навике није могао да се ослободи.

Полицајци су осматрали његово кретање, очекујући да виде да ли ће доктор кући кренути пешице, што је често обичавао не би ли у лаганој шетњи „ухватио" мало јутарње свежине, или ће кренути својим, или аутом некога од својх пријатеља који су неретко знали да га сачекају.

Видели су и када је стигао до трафике и, не обраћајући пажњу ни на шта, почео да извлачи једне по једне новине и прегледа главне наслове објављене тога дана.

Онда је доктор Томан пришао да плати новине продавцу кога је одлично познавао, са којим је, може се рећи, током толиких година постао прави пријатељ.

Полицајци задужени за докторову безбедност нису могли да виде како је доктора уместо старог продавца новина у унутрашњости трафике сачекао непознати човек са уперном аутоматском пушком.

„Мораш тихо, без наглих покрета, да уђеш у ону стару, зелену „ладу", где је трудна жена поред возача. Отвори задња врата и мирно седи" - наредио је доктору Томану терориста на чистом српском језику, чим су им се срели погледи.

Свестан да не сме да противречи, доктор је немо очекивао следеће наређење.

„Требаш нам да би оперисао нашег колегу који је ноћас тешко рањен у борби са српском полицијом. Ако било шта урадиш, било какав знак даш, онима из обезбеђења које си малопре поздравио, бићеш убијен истог секунда, и ти и они. Мојих људи је много више и сви имају дуге цеви. Јеси ли разумео" - питао је терориста.

„Јесам" - одговорио је доктор.

„Сада извади те паре за плаћање новина како си планирао, сачекај кусур и крени према „лади", да све делује нормално" – поново га је, и поледњи пут, упозорио терориста.

Доктор није ни слутио да су то последње речи које је чуо у кругу болнице у којој је као хирург специјалиста провео цео радни век. Поверовао је да га на овај начин неки примитиван човек приморава да некога оперише. Сматрао је да је најрационалније и најмудрије да поступи по наређењу које је добио из трафике.

Мирно се окренуо и упутио до зелене „ладе", а када је стигао отворио је задња врата, баш онако како му је наредио терориста из трафике, сео иза труднице и, не лупајући јако, затворио врата. Вероватно да не би узнемирио трудницу.

Без икакве панике, нервозе или журбе, возач је стартовао мотор и за неколико секунди стигао до излазне капије. Униформисани полицајци и радници обезбеђења КБЦ – Приштина, одмах пошто су препознали доктора Томана, подигли су рампу и поздравили га као и много пута пре тога. Нису ни помислили да су управо помогли албанским терористима и отмичарима да им одведу начелника хируршке клинике.

Док је возач зауставио „ладу“, чекајући прилику да се укључи у јавни саобраћај, поред њих је колима прошао докторов млађи колега Бане. У том кратком сусрету погледи су им се срели и они су се поздравили климањем главе. Ни доктор Бане није ништа посумњао.

Једноставно, тог ратног јутра све је ишло на руку терористима.

„Лада“ се упутила према брду Ветерник, које се налази у непосредној близини болнице. Пут којим се кретала води према Призрену, Гњилану и Скопљу, правцу којим се стиже до Урошевца који је био возачев главни циљ. Доктору су рекли да се у овом градићу налази болесник кога треба да оперише, и њему то није било ништа чудно.

Размишљао је о протеклој ноћи пуној најкомпликованијих хируршких захвата. Почео је са

Албанцем рањеним у револверашком обрачуну у Крпимеју, месту у близини варошице Подујево, кога је оперисао дуже од четири сата и спасио му живот.

Није успео ни да предахне, јер већ су на операцију чекала двојица рањених српских војника. Један из Лесковца, стар 21 годину, рањен снајперским хицем у врат. Пуцњава се догодила на аутобуској станици у Призрену, одакле је хеликоптером пребачен до Приштине. Њега, нажалост, нису могли да спасу, и дечко је подлегао повредама, што је доктора Томана истински потресло. Трудио се да то не показује, али осећај туге је био јачи и оставио је трага на његовом лицу те ноћи.

Други војник повређен је од гелера приликом експлозије ручне бомбе у близини стражарског места на коме је био у селу Лукаре надомак Приштине, а у правцу Подујева. То је било дело албанских терориста који у тим временима нису пропуштали прилику да задају ударац Србима. На сву срећу, овај млади Београђанин успешно је оперисан и преживео је тешко рањавање.

„Ове ноћи као да је неко хтео да ме добро замори. Радило се без тренутка паузе“ – помислио је доктор док се зелена „лада“ без велике журбе кретала путем ка Скопљу.

Сетио се доктор и сељака коме је машина за корубање кукуруза повукла руку и скоро здробила шаку, и вриске његове родбине која га је трактором довезла из села Матичане у предграђу Приштине. Човек је био средњих година, крупан и јак, црн у лицу од болова, али то није показивао, само је ћутао. Једва је натуцао понеку реч на српском, био је из породице Гаши. Шака је морала да му буде ампутирана, јер то је била једина шанса да човек преживи.

Доктор Томан је увек жалио када је морао да уради тако нешто, али најчешће није имао избора.

Сетио се доктор, док се труцкао у зеленој „лади“, и десетогодишњег дечака кога је у наручју, свог у крви, донео старији Ром који је тако тужно и искрено плакао да су се свима из екипе доктора Томана очи напуниле сузама. За њим су ишле усплахирене жене, које су кроз плач тражиле помоћ за унесрећеног дечака. У првом моменту, доктор је помислио да је овај дечак рањен пушком сачмарицом из даљине, или гелерима, али му је старац тихо, и јецајући, на одличном српском језику рекао да су малога напали и скоро растргли пси у насељу Врањевац изнад Приштине.

Доктор је, сећа се, сестри Вери наредио да одмах спреми вакцину, јер нису знали јесу ли пси били бесни.

Иако је деловало да су дечака скоро растргли, ране су биле само површинске, не тако дубоке. Да би спасила дечака од онога што су пси урадили за само тридесетак секунди, докторова екипа је морала да интервенише чак сат и четрдесет минута.

„Да је напад паса потрајао само мало дуже – заклали би га. Вероватно и животиње осећају да се нешто страшно спрема, и оне се буне, нису више питоме. Препознале су у људима зло које носе, престале су да нас воле, зато су тако бесне. Можда то има везе са чињеницом да су пси живели међу терористима којих је тих година највише било баш у приштинском насељу Врањевац, мислио је доктор Томан док се са непознатим људима у зеленој „лади“ возио незнано куд.

Одједном је доктор схватио да мора да мисли о ономе што га очекује. Појма није имао ни кога, ни у каквим условима треба да оперише. Једва је чекао да се све то заврши, да се врати кући и одмори, да види

породицу, и не сањајући да их никада више неће видети. Једноставно – он је веровао својим отмичарима, јер они су му дали бесу (обећање да ће испунити дату реч).

Пут у неповрат

Возач зелене „ладе“ је на путу до Урошевца неколико пута био заустављан од српских полицајаца, али је све контроле прошао без икаквих проблема. Шта ли су то српски полицајци видели у његовој возачкој дозволи, можемо само да претпоставимо. Сви су исто поступили - отворили документа, „помазили фотографију“ (у жаргону то значи да су нашли новац спремљен за полицајца) и вратили их.

Испред Урошевца су скренули десно и оставили трудну жену у кући која се није видела са пута.

Доктор је помислио да је то место на коме треба да оперише непознатог пацијента, непријатељског рањеника како су му рекли.

„Ми ћемо наставити даље, морамо да стигнемо у неку другу кућу где вас чекају људи са којима ћете да доручкујете“, рекао је доктору Томану возач, видевши да доктору није јасно на какав су га пут повели непознати људи.

„Али, молим вас, ја нисам гладан! Мени је речено да треба да оперишем рањеног човека, и ја желим да то урадим што пре“, скоро љутито је одговорио Томан.

„Не би било „корисно“ да се убеђујем са вама, најбоље је да одмах кренемо“, скоро да га је „пресекао“ возач, који је знао да доктора вози у неповрат.

Сада су само њих двојица сели у зелену „ладу“ и кренули земљаним путем у дубину тог дивљег насеља на рубу Урошевца, или Феризаја, како Албанци зову тај град. После десетак минута вожње прашњавим, земљаним путем, стигли су до куће чија је капија била широм отворена, што није обичај код Албанаца. Како су возилом ушли у двориште лепе, велике али недовршене куће, капија се затворила.

Када је чуо ударац капије доктор Томан се окренуо у том правцу и имао шта да види. Албанци у униформама ОВК (такозвана Ослободилачка војска Косова) су под пуном ратном опремом стајали окренути леђима према капији коју су, само пар секунди раније, затворили, гледали према „лади“ и држали уперене калашњикове у доктора.

Ништа нису проговарали. Као да су чекали да неко ту реагује и да га казне за „непослушност“.

„Изађи, докторе“, одсечно је рекао возач зелене „ладе“ на српском језику, сав важан што и он може некоме да заповеда.

Доктор је послушао, изашао је без речи, не показујући ни трунку страха као да не схвата ситуацију у којој се нашао. Онда му је возач главом показао да крене према улазу у кућу.

Како су се приближавали вратима, доктор Томан је приметио да их је отворио један униформисани Албанац, док је други држао пушку на готовс и померао се према зиду како би доктор и возач могли да прођу.

Из ходника су се видела врата за четири просторије и степениште. Само што су направили неколико корака, са степеништа се појавио још један војник – терориста ОВК, који је као и сви остали био под пуном ратном опремом. Без речи им је отворио последња врата лево и то је био јасан знак да треба да уђу у ту просторију.

- У огромној соби није било ништа од ствари, само ниска софра и сунђери у круг око ње. Столица није било, али доктор је знао да Албанци поседају на под око софре и прекрсте ноге када једу или о нечему „већају“.

На велико докторово изненађење, које је успео да сакрије, ту је већ био човек из трафике. Било је јасно да га је доктор одмах препознао, али овај ништа није проговарао, само је смешком потврдио докторову констатацију да је он терориста са упереним калашњиковим из киоска, и зажелео му „добродошлицу“.

Било је више него очигледно да сви овде чекају некога важног да дође.

После нешто мање од пола сата, на вратима собе у којој су били, појавио се стари познаник доктора Томана. Био је он његов колега, доктор Шукрија. Мислећи да ће му он бити од помоћи, доктор Томан је покушавао да му макар погледом, јер другачије није смео, да до знања да је у невољи, надајући се да ће га колега разумети и помоћи му. Доктор Шукрија је свом колеги Србину на исти начин, само климањем главе, благим и самоувереним осмехом ставио до знања да је све у реду, да нема разлога за бригу.

Двојица војника ОВК стајали су у ставу мирно са леве и десне стране врата, под пуном ратном опремом. Њихово присуство било је знак свима у пространој соби да „главни“ још није стигао.

После скоро читавог сата од доласка доктора Шукрије, у собу је ушао прво Фадиљ, некадашњи оперативац криминалистичке полиције МУП-а Србије, Секретаријата у Приштини, а сада официр ОВК. За њим је ушао још један униформисани припадник ОВК, али у црној униформи.

Тек пошто се Фадиљ чуо са неким мобилним телефоном, у собу је ушао старији човек. Имао је између 65 и 70 година, био је лепо обучен, и господских манира. Како је он ушао, тако су сви поскакали, стали

мирно, па је исто учинио и доктор Томан. Сви осим
њега су у тренутку руковања са старијим господином,
сва је прилика, председавајућим овог скупа, држали
леву руку у нивоу срца. Ко познаје Албанце, он зна да
тај поздрав представља посебно поштовање. Албанаци
кажу: „Дор не земр" (руку на срце), и овај поздрав
сматрају посебним ритуалом.

Председавајући очигледно није имао намеру да се
дуго задржава, јер одмах је дао знак руком да може да
се послужи храна. Он је, као и остали, сео на сунђер на
поду, прекрштених ногу.

Пре него што су почели да доносе храну на софру, у
собу су ушла двојица војника ОВК. Један је носио
бокал и пешкир, а други лавор. Био је и то знак да су
на снази ратни услови, јер у мирнодопским овај обичај
поверава се младићима и девојкама.

Њих двојица пришли су сваком госту за софром, и
они су тако из седећег положаја, више симболично,
опрали руке. Било је скоро подне, па се и по добу дана
и по садржају хране коју су почели да постављају на
софру, могло закључити да је пред гостима ручак, а не
доручак. Послужени су пилав и печено пиле, кисело
млеко и мек хлеб, попут питарки или сомуна, тек изва-
ђен из пекаре, врео.

Човек који је био у трафици, и који је најзаслужнији
што се доктор Томан нашао за овом софром, добио је
реч од домаћина.

„Баца Адем си урнони" (оче Адеме изволите), рекао
је отресито киднапер доктора Томана гледајући у пред-
седавајућег.

Био је то Адем, политички портпарол ОВК или УЂК.
Он је узео пиле, откинуо оба батака. Један је дао док-

тору Томану, а други ставио у свој тањир. Тек тада су и остали имали право да почну са јелом.

Доста невољно, и потпуно потрешен, доктор Томан је узео храну.

Ручали су без да је ико проговорио и једну једину реч. Кад је и последњи гост за софром завршио са јелом, сви су се, скоро истовремено, окренули ка домаћину и у знак захвалности рекли: „Зот ти лаш бириђет!“ (Бог ти дао благостање), на шта је он одговорио: „Фаљиминдерит“ (хвала).

Исти они војници, који су можда пре само пола сата некога заклали или стрељали, у овој ситуацији су били невероватно послушни и понизни. Да човек не поверује каква је то дисциплина! Покупили су прибор са стола, тепсије са костима пилета, обрисали софру и изашли. Недуго после тога опет су ушли, али сада са ибриком пуним руског чаја и филцанима у једној, и ибриком вреле воде у другој руци.

Био је то знак да се церемонија са ручком завршила. Адем се, коначно, на српском језику обратио доктору Томану:

„За нервозу и панику нема потребе, нико вас неће угрожавати, ма нико не сме ни да помисли на то! Ваше је само да слушате инструкције, да не правите проблеме или паничите. И проблема неће бити. Питања немојте да постављате, све што вам није јасно, а одговор на питања не знате, приписујте то ратном стању и новонасталим околностима“, саветовао му је.

„Разумео сам“, рекао је доктор Томан прилично тужно али и поносно, видевши да је ђаво однео шалу.

Адем му се захвалио на пажњи, обавестио га да ће сада наставити путовање другим возилом и зажелео му срећан пут. Извадио је мобилни телефон, мало већи него обично, извукао из њега огромну антену и позвао некога. Свима је било јасно, па и доктору Томану, да се радило о сателитском телефону.

У двориште је стигло ново возило.

Сви су почели да излазе из огромне куће, мирно и без икакве журбе. Ништа није наслућивало да се спрема било шта посебно.

Доктора Томана је изненадило, и у првом тренутку чак и обрадовало, када је видео да је на теренском возилу у које су му показали да уђе писало УН. И таблице су биле њихове, и доктор је поверовао да ће му људи који су дошли овим специјалним возилом бити од помоћи. „Изволите“ рекао је тамнопути возач на енглеском језику док је отварао задња врата.

Доктор Томан му ништа није одговорио, и кад је већ једном ногом закорачио у возило, окренуо се и погледао најпре у небо, а онда у земљу и ушао у џип. Кад је возач после неколико тренутака залупио за њим врата, доктор као да је наслутио да је последњи пут видео своје небо и своју земљу Србију. Тај осећај потпуно га је поразио и растужио скоро до суза, али поносни доктор није дозволио да се непријатељ радује његовој несрећи.

Сео је као да му се ништа значајно не дешава, иако му је сад већ било сасвим јасно да је он главни човек неког плана који су направили непријатељи, а о коме он баш ништа не зна. Кад су двојица младих људи сели са његове леве и десне стране, био је још уверенији у заверу.

Возач и сувозач нису били ни Срби ни Албанци. Први је био тамнопут, а други, по свему судећи Американац, био је белац. За доктора Томана је то био додатни доказ да завера има међународни карактер.

Возило се из дворишта куће поново упутило на главни магистрални пут, у правцу Скопља. Кретало се значајно брже него што су дозвољавали саобраћајни знаци на том делу пута, али и поред неколико заустављања возач није имао никакав проблем са српском полицијом.

Качаничка клисура је била сигуран знак да се крећу према Скопљу. За непуних четрдесет минута они су већ били дубоко у главном граду Македоније. Без заустављања су се упутили према Гостивару, где их је већ чекала екипа за „прихват" новог госта.

У Гостивару је увелико био мрак када су стигли. Видело се да људи из возила добро знају где иду, јер су се без обзира на ноћ непогрешиво упутили ка једној изузетно лепој згради за колективно становање.

Пет путника из мисије УН ушли су у луксузно опремљен стан у коме су их дочекала двојица „домаћина". Понудили су им да седну у удобне кожне фотеље, а на сто уместо очекиваног чаја изнели најскупљи виски. Укључили су и телевизор, и оправдали то потребом да чују вести. Било је време за дневник.

„ У центру Приштине киднапован је начелник хируршке клинике КБЦ, доктор Томан ", гласила је ударна вест од које је дотичном доктору замало позлило, јер тек је тада схватио шта му се, уствари, дешава.

Болнички круг, трафику, зелену „ладу" и остале важне детаље водитељ дневника није ни поменуо, али они више нису ни били важни.

„Ови наши ништа не знају", помислио је у том моменту доктор Томан, очигледно мислећи да болничко обезбеђење, па чак ни оно лично докторово, постављено када су појачане мере безбедности, уопште није приметило кад и како је он отет на очиглед свих њих.

Спопало га је ужасно огорчење, а онда је на екрану угледао своју супругу како даје изјаву за медије.

„Молим оне који су киднаповали мога супруга да га одмах ослободе. Он је доктор, хуманиста, а не некакав преступник. Помагао је увек и свима који су му се обраћали, без обзира на нацију. То може да потврди и сваки Албанац кога је лечио“, са сузама у очима и у једном даху изговорила је Томанова супруга.

Као да се плашила да ће је неко прекинути, а она је имала још много тога да каже у прилог Томановом ослобађању.

„Љубазни“ домаћини угасили су телевизор одмах после емитовања вести о киднаповању доктора Томана из КБЦ Приштина.

Без икаквих коментара, као да се то уопште не односи на човека који је њихов заточеник, понудили су доктору Томану да попије виски, ако жели.

„Цинично, ваљда желе да наздравим својој несрећи“, помислио је доктор Томан и без речи кренуо за њима.

Сада је испред возила УН ишло возило македонске полиције, а возио га је један од људи који су их и дочекали.

Њихов крајњи циљ била је Тирана.

Македонска полиција испратила је возило мисије УН до границе са Албанијом. Пре него што су кренули назад, према Гостивару, сувозач полицијског аутомобила је на самом граничном прелазу изашао и нешто попричао са полицијом.

Рампа је одмах подигнута, и џип УН је прешао македонско - албанску границу. У њему је био и доктор

Томан, али о томе нико и ништа у Србији није знао. Само је доктор Томан знао да се никада више неће вратити, иако му нису везали очи, што је, иначе, уобичајена процедура у оваквим случајевима. Њега нико није гледао као могућег сведока, па самим тим он и није имао другу будућност од оне која ће га и задесити.

Заточеник докторке Ете

Дубоко у ноћ џип УН стигао је у главни град Албаније, Тирану. За доктора Томана била је то последња животна станица, али то су знали само они који су га

дочекали на високом нивоу, као изузетног госта, што је он заиста и био.

Њему се на моменат учинило да је у канцеларији у коју су га најпре увели, видео Шкељзена, познаника из Приштине. Закључио је то по осмеху који су један другом упутили, али није био сигуран. Веровао је да свако ко му се у овој ситуацији насмеши мора да буде неко „његов".

Исте вечери сместили су га у стан у центру Тиране. Обезбеђење у стану и око зграде је било изузетно јако. Простор који је доктору био дат на располагање заправо био је апартман у оквиру једног великог стана. Имао је дневни боравак, спаваћу собу са француским лежајем, кухињу, купатило и балкон.

А на балкону је стајао човек у цивилу. Стаклени прозори нису могли да се разбију ударцем руке или неког предмета, и није их било могуће отворити. Напросто, били су блиндирани.

Пре него што је одлучио да легне, у собу доктора Томана ушла је жена млађа од њега најмање десет година. Већ на први поглед схватио је да такву лепоту никада раније није видео, али та чињеница уопште није узбудила доктора Томана.

„Ја сам ваша колегиница, име ми је Ета. Мој број мобилног је на овом папиру. Ако вам било шта затреба, добићете ме преко обезбеђења, јер ви сада немате право на поседовање мобилног телефона, ни било ког другог електричног, електронског ни ма ког другог апарата или предмета којим би себи могли да наудите", уз благ осмех је изговорила млада жена, а онда села преко пута доктора Томана, како би му указала поштовање и дала му до знања да могу да буду и „једнаки".

Доктор је био уморан, преплашен и забринут, а Ета, најлепша жена коју је икада у животу срео, безбрижна и наспавана. Једино што је те вечери могао да закључи било је да је докторка Ета, сасвим сигурно, фатална жена.

Разменили су још по коју реченицу, а онда је докторка Ета устала и отишла. Као жена лепих манира поново је пружила руку доктору Томану и стегла је јаче него он њену, што је потпуно неуобичајено за Албанке.

Доктор Томан се тада куртоазно насмешио и зажелео јој лаку ноћ. Он није знао албански, што му је отежавало целу ситуацију. Легао је и заспао, исцрпљен од пута и неизвесности. Откад је отет у КБЦ Приштина, скоро четрдесет сати био је будан.

Ујутру је спавао до девет сати, иако се годинама будио пре шест.

Кад је устао, жмурећи се помолио Богу и пожелео да је све то само сан, који ће нестати кад отвори очи. Али, на његову велику жалост, све је ово била јава, а сан само његова жеља. Умио се, распаковао нову четкицу за зубе која га је чекала са најквалитетнијом пастом, а онда опрао зубе. Сетио се и својих колега Слоба и Бања који су бринули о здрављу његових зуба и лечили их кад је требало. Све је то за њега сада била прошлост, прошлост која се, као што ће показати време, никада више неће вратити ни поновити.

Ново одело и кошуља, комплетан доњи веш и чарапе, ципеле - његов број, мантил, све га је чекало сложено у ормару. На столу је стајало писамце, отворено, са откривеним садржајем, да доктор Томан схвати да треба да га прочита.

„Колега, обуците ново одело што је за вас спремљено, па тек онда крените, јер у противном вам неће дозволити да изађете. Из старог одела ништа не пребацујте у ново, неће вам требати, а може вам итекако, засметати" - писало је на папиру, а у потпису само „Ета".

Знао је да тако мора, није било места ни за какву наду, у Тирани је, нема ту никог свог, а њега имају сви, који му не мисле добро. Једноставно, није њихов. Само је Бог знао шта га даље чека.

То што не зна албански, бар до тог тренутка, њему није представљало проблем - сви су знали српски. Обукао је ново одело против своје воље, оставио је новчаник, возачку, саобраћајну, сва остала документа као и слике деце. Оставио је и сат.

„Ни он ми више неће бити потребан. Моје време је истекло. Од сада живим нечији туђи живот", помислио је доктор Томан.

Тако, рекло би се, као нов, отворио је врата свога апартмана и ушао у огроман дневни боравак у коме су били неки нови људи, не они од синоћ. Сви у цивилним оделима, њих тројица. Покушао је нешто да их пита, али га је један од њих предухитрио и рекао му:

„Сада идемо до једне болнице где ћете радити."

Пре него што су пошли, други млади човек га је упозорио да прво иду код власника те болнице и да ће се тамо упознати, јер ће њих двојица у будућности сарађивати.

Изашли су пред зграду, где су непосредно испред улаза била паркирана три возила. Два полицијска и једно цивилно. Доктору Томану су руком показали да иде према цивилном возилу. Отворили су му врата луксузног аутомобила и он је сео.

После десетак минута вожње сви су ушли у подземну гаражу. Само доктор Томан и двојица из његове пратње су кренули лифтом на трећи спрат, док су други остали у гаражи поред возила.

„Овде све одаје утисак великог луксуза, богатства и раскоши, а тишина која влада помало застрашује и опомиње. Вероватно је то последица дисциплине која се осећа у сваком кутку ове установе“, примећивао је доктор док се кретао ходником према кабинету власника болнице.

Успут је закључио да су сви људи које овде среће у цивилу, а да је приликом ранијих сусрета био у прилици да упознаје једино униформисане припаднике ОВК. Та чињеница наметнула му је неминовно питање на које није имао одговор – да ли је болница у чијим је зидовима био пословно заточен, цивилна или униформисана организација?

Ушли су у канцеларију чија се врата ни по чему нису разликовала од осталих. Али то је био улаз код секретарице. На први поглед њој се учинило да је доктора Томана однекуд већ познавала. Срдачано му се осмехнула и пожелела му добродошлицу.

„Ја сам Шпреса“, рекла му је на српском језику и пружила му руку.

Док су гости седели у дубоким фотељама урађеним од коже у црвено - црним бојама албанске заставе, секретарица је телефонирала. У разговору није поменула ничије име.

„Стигао је“, једино је што је изговорила Шпреса.

Било је јасно да је доктор Томан био очекивани гост.

Секретарица Шпреса се, затим, окренула према доктору и двојици његових пратилаца и рекла да их власник и директор болнице чека у свом кабинету.

„Претходно ћете морати да прођете кроз мању канцеларију ради КДЗ контроле (контрадиверзиона заштита). То су само мере безбедности према господину Башкиму које сви морају да прођу, па и ви“, рекла је секретарица, као да се извињава гостима због мера предострожности.

Томан је таква врата раније виђао само на аеродромима, и искрено је био зачуђен, а помало и уплашен размишљањем због чега су директору једне болнице неопходне овакве мере заштите.

Сви тројица су без речи пошли за лепом и шармантном секретарицом Шпресом, која је испред њих ходала заносно, као да жели све да их заведе. Трудила се да благим њихањем својих лепо извајаних бедара свакоме од њих појединачно да до знања да је „отворена“ и за нешто више од пословног контакта.

Контрола је била кратка, рекло би се - рутинска.

Оно што је доктора заиста изненадило, су уствари, врата кабинета директора и власника болнице. Уместо да буду тапацирана, као што су углавном врата разних пословних кабинета, ова су била тешка метална врата која је покретао неки електромоторни, невидљиви уређај. Доктор је одмах уочио да таква врата постоје само у банкама и трезорима.

Човек светлих очију, високог раста, мршаве грађе, кошчат, веома озбиљан и самоуверен, устао је из своје фотеље када су гости закорачили у његов кабинет. Пружио је руку доктору, рекао „Башким", и предложио доктору Томану да седне.

Благим покретом главе дао је знак људима из обезбеђења који су га допратили да су слободни и да могу да изађу.

Сачекао је да се врата затворе, као да госту жели да пружи уверење да су сада „у четири ока" и могу потпуно слободно да разговарају. Домаћин је, како доликује и како налажу правила лепог понашања, госта најпре питао шта жели да попије.

Доктор Томан није био сигуран да ли са овим човеком треба да наздрави, или да одбије пиће, и благо је одречно климнуо главом. Искусни домаћин имао је на уму такву могућност и одмах му је дао до знања да то неће схватити као његову ману.

„Без устезања, молим вас, ја знам да ви доктори волите ракију, домаћу ракију, шљивовицу, па предлажем да попијемо по једну", рекао је господин Башким у намери да одобровољи непознатог и, очигледно, веома резервисаног госта.

Зачуђен откуда му податак да он воли баш шљивовицу, доктор је био помало обрадован али још више усплахирен. Ипак, одлучио је да не одбије понуду љубазног домаћина.

„Одлично," насмејао се човек каменог изгледа.

Ракију за њих двојицу у кабинет је унела прелепа Ета.

Наздравили су из кристалних чаша, куцањем, без речи али под утиском њене тешко одољиве појаве.

Доктор је и даље само ћутао, а Ета, уместо да изађе као што је обичај код Албанаца да жене не присуствују важним мушким разговорима, села је са његове леве стране. Попили су по гутљај, а онда је „газда" Башким, као прави директор и власник болнице, одлучио да доктору да упутства.

„Ви ћете радити оно што сте радили целог живота, оперисаћете људе у мојој болници"!

То, „оперисаћете људе", а не пацијенте или, можда, болеснике, доктору Томану је „запарало" уши.

„Сигуран сам да ви то одлично знате да радите, а имаћете и своју екипу. Биће то неки млади доктори кога морају да присуствују свакој вашој операцији. За све шта вам буде требало обраћаћете се Ети, а она ће обавештавати мене. Спаваћете у близини Тиране у једном војном кампу, где ћете бити апсолутно безбедни. Ако пожелите или осетите потребу да са мном разговарате о било чему, и о томе ћете ме обавестити преко Ете", изговорио је мирно и самоуверено господин Башким, а онда испио ракију до краја, као да је после свега хтео да каже да је ту почетак и крај њиховог контакта.

И њихов разговор је тиме био окончан.

Устао је најпре домаћин, а онда и његови гости. Поздравили су се руковањем, а онда су доктор Томан и докторка Ета без речи кренули ка вратима кабинета. Када су изашли, на истом месту где су приликом уласка код господина Башкима стајали људи из обезбеђења сада су била нека нова двојица чувара.

У њиховој пратњи доктор Томан и докторка Ета су пошли према излазу из зграде, на чијем паркингу их је већ чекало спремно возило. Био је то војни џип, из кога је изашао један од телохранитеља, да доктору Томану отвори врата. Телохранитељи су ушли кроз задња врата и сели на попречна седишта, постављена по два у реду. Поред њих је са леве и десне стране била по аутоматска пушка и радио веза, исто као и на сувозачевом месту. Возач је одмах активирао мотор и кренуо, а доктор Томан је, посматрајући све то што се догађало у потпуној тишини, закључио да међу људима којима је окружен влада гвоздена дисциплина.

Живот у терористичком гнезду

После састанка код власника приватне болнице, сада и његовог послодавца господина Башкима, доктора Томана су одвезли до ближњег кампа у коме се, колико је на брзину могао да осмотри, вршила обука терориста, а не редовних војника. Он је знао да су међу њима и Албанци пореклом са Косова и Метохије.

У оквиру кампа доктора Томана је чекао леп смештај у комфорном стану. С њим је ушла и докторка Ета, и села преко пута њега. Ћутали су, свако је био са својим мислима. У једном тренутку он је само погледао колегиницу, помиловао је по образу и замолио да га остави самог.

Приметио је да је цео стан обезбеђен видео камерама, и после свега што је преживео то је био нови детаљ који је код њега изазивао нелагоду. Свему упркос, трудио се да се понаша најнормалније што може у новонасталим околностима.

Докторка Ета је, иако невољно, устала и кренула са осећањем да њено присуство, први пут у животу, не прија једном мушкарцу. Рекла му је само да и она спава у близини, па ако му било шта затреба може да је тражи преко страже.

Обезбеђење, односно телохранитељи у цивилним оделима, нису се задржавали у кампу. Ту је све, очигледно, било под конролом људи који су носили униформе албанске војске.

Исцрпљен од неизвесности, доктор Томан је ускоро легао и заспао са чудним осећањем да се ствари одвијају као на филму, и да се у овом кампу обучавају терористи чија је мета баш он и народ коме припада.

Ујутро је устао и, као што је то годинама уназад чинио у Приштини, спремио се за посао.

Пред зградом су била паркирана два возила, оба војна. Поред једног већ је стајала Ета, радосна као да је заборавила јучерашњу непријатност, и чекајући да јој доктор Томан приђе. Отворила је врата, он је ушао, она је села поред њега, и поново ништа нису причали.

У болници их је чекала екипа за операције коју је најавио господин Башким. Све су то били млади докторы, стажисти, спремни да своју будућу специјалност хирурга, науче од доктора Томана.

У знак поштовања према докторки Ети и доктору Томану, о чијем су професионалном знању и статусу детаљно били обавештени, сви су устали. Својим понашањем давали су то доктору Томану до знања, и ословљавали га докторском титулом.

Почаствована поштовањем које им је указано, докторка Ета је кратко саопштила свом колеги:

„Сви овде присутни вам се стављају на располагање, ви сте њихов директни и непосредни руководилац. Све шта будете захтевали од наших младих колега у вези са послом, у обавези су да испуне. У противном, мораћемо да се обратимо господину Башкиму“.

После упознавања са будућим „ђацима“ доктора Томана су одвели у његову ординацију, и тим чином на симболичан начин обележен је почетак његовог постављења на дужност главног хирурга у приватној болници.

Доктору Томану се једнога часа учинило да је у тренутку заборавио цео свој дотадашњи живот – да не зна ни ко је, ни одакле је, ни да ли има породицу, супругу, децу, једноставно, да ништа пре овога није постојало.

И да је сада започео неки сасвим нови живот, у коме је приморан да све ради против своје воље. Срећом, доктор Томан се брзо тргао, и са још јачом свешћу о томе ко је и одакле долази обећао себи да ће са још јачом енергијом и жељом до најситније појединости разоткрити зашто је постао заточеник приватне болнице у Тирани. Одмах је поставио себи два велика циља, касније ће се испоставити недостижна.

Све је подредио томе, одлучан да о свом животу више уопште не размишља. Једноставно, да буде „непостојећи" човек!

Дани су му пролазили искључиво у пословним активностима, чиме су његове младе колеге били одушевљени. Веровали су да је доктор Томан посвећен само свом професионалном раду. Он је то искрено и био, али зато што није имао избора. Знао је да више није слободан човек, већ заточеник у кругу од терористичког кампа до необичне приватне болнице којом господари близак Етин пријатељ, неки „господин" Башким.

Били су то тешки дани за доктора Томана, Србина из Приштине по којој су падале НАТО бомбе са осиромашеним уранијумом. По Приштини у којој је остала његова породица, његова браћа по вери и његови пријатељи међу којима је било и много Албанаца. Питао се шта он ради у Тирани, зашто су га довели овде и наредили му да ради у тој чудној болници, а живи у терористичком кампу.

Видео је он да је све овде организовано и све функционише као затворен систем, па чак и болница у којој је стекао поверење колега, и почео да верује и он њима.

Једнога јутра докторка Ета га је сачекала после завршене хируршке интервенције, и обавестила да га очекује и један специјални случај за који је заинтересован господин Башким, лично.

Како није имао права да пита било шта, доктор Томан је слушао наређење које му је пренела млада колегиница, и гледао њено лепо лице. Учинило му се, тога тренутка, нимало искрено и добронамерно.

А Ета се баш трудила да буде уверљива, и покушала да му објасни како једном млађем човеку треба да извади бубрег, јер он ће га „донирати" свом болесном брату у Истамбулу, где ће бубрег у што краћем року бити пребачен авионом.

Без питања, и још увек без било какве сумње, доктор Томан је дао до знања млађој колегиници да је схватио са ког места стиже захтев, и одмах наредио припрему пацијента за операцију.

Тим је био на окупу. Доктор је само приметио да су сви били пажљивији него обично, и да су млади лекари за овај случај показивали посебно интересовање.

Операција је урађена успешно. Бубрег непознатог „донора" је извађен и послат „брату" пацијента у Истамбул.

Доктор Томан је „у пролазу" чуо да је давалац бубрега збринут у некој другој болници где треба да се залечи, али појма није имао у којој. Иако је одједном постао знатижељан, и пожелео да пита куда то одвозе „доноре" после узимања органа, брзо се сетио упозорења да нема права на знатижељу ни било каква питања. Могао је, једино, да се обрати господину Башкиму који му се представио као једина адреса за питања, и то преко колегинице Ете, како му је рекао газда болнице, али доктор искрено није желео да се сретне са човеком онако хладног погледа, самоувереног и надменог понашања, човеком од камена.

Докторка Ета није скривала задовољство због добро обављеног посла и испуњених очекивања господина Башкима. А доктор Томан се потајно надао и веровао да ће власник и директор болнице, то чак знати да цени и награди.

Иако је због свега тога после обављене операције требало да се осећа боље него уобичајено, доктор Томан је осећао само умор и исцрпљеност, а изнад свега неку тешку, необјашњиву тугу. Зашто, то није знао. Много је размишљао покушавајући да дође до одговора. Али, када га није нашао он је, да би помогао себи, све приписао објективним околностима у којима се нашао и немогућности да се чује са породицом.

И несвесно се стално присећао да је његов син био приближних година као младић коме је извадио здрав бубрег да би спасио живот свом „брату". Међутим, смиривала га је помисао о братској љубави анонимног „донора", младог човека који је у својој документацији уместо имена имао само број 346, и ништа више.

„Нешто страшно се крије иза тога," мислио је доктор Томан, али никога и ништа у вези с тим није смео да пита.

Док су се он и његова лепа колегиница враћали из болнице „кући", трудио се да потисне размишљање о младом дародавцу бубрега.

У ресторану у коме су се хранили „питомци" кампа, доктор Томан и докторка Ета су ручали за истим столом и попили по сок, а онда кренули према згради у којој су били смештени официри албанске војске, али и инструктори (пензионисани официри) немачке, швајцарске, француске, америчке, турске и ко зна чије још војске.

Доктор Томан и докторка Ета били су једини цивилни станари овога објекта.

Када су се растали да би свако кренуо ка свом стану, докторка Ета се изненада обратила своме старијем колеги: „Ако сте расположени, спремила бих нешто домаће за вечеру, па предлажем да једемо заједно код вас или код мене у стану, свеједно. Биће и слаткиша, домаћих колача“, најавила је „домаћица“.

Доктор није био изненађен таквим њеним питањем, напротив, очекивао је да ће лепа Ета свесна своје неодољивости на сваки начин покушати да му се приближи, и зато јој је спремно одговорио: „Кад већ могу да бирам, нека то буде код мене, у мом стану“.

Млада жена није могла да сакрије задовољство. Њено лепо лице синуло је новим сјајем у очима и широким осмехом иза кога су се појавили здрави, беспрекорно неговани зуби.

Црвена од узбуђења, Ета је скоро трчећи одјурила до свога стана. Желела је да спреми нешто посебно, што би се допало доктору Томану.

Учинила је то са истинском љубављу, и после неколико сати стигла је пред врата докторовог стана са својим специјалитетима.

Док ју је очекивао, доктор Томан је гледао вести и по ко зна који пут поновљену репортажу о киднапованом начелнику Хируршке клинике у Приштини. Била је то јединствена прилика да види и чује своје најближе, али га је сваки пут испонова растужила њихова нада да је жив.

Из тешке сете повратило га је звоно на улазним вратима. Знао је да долази Ета, јер други није имао ко.

Широм је отворио врата, а пред њима је уместо очекиване „домаћице“ стајала жена која га је свугде пратила као сенка, лепша и пожељнија него икада пре.

Доктор Томан јој је пожелео добродошлицу љубећи је три пута у образ, по српском обичају који је њој био сасвим близак.

Јер, младу докторку, најлепшу Албанку коју је доктор Томан икада срео, а која сада живи и ради у Тирани, изнедрио је исто тако најлепши и најчистији метохијски предео у близини Пећи, не тако давног 19. априла 1965. године у селу Радавац на путу према Црној Гори. Етничка структура већинских Срба овде је почела да се мења седамдесетих година 20. века, када су поменуте крајеве кренули да насељавају Албанци.

Иако је његово мушко срце заиграло пред неподношљивом лепотом младе колегинице, доктор Томан то није признао ни једном изговореном речју, удељеним комплиментом или учињеним гестом. Правећи се невештом, као да јој то ништа није ни значило, она је заносно укорачила у његов стан.

Доктор је приметио да се телу докторке Ете, саливеном попут порцеланске фигурице, благо припијао жарко црвени свилени огртач, испод кога су се наслућивале наглашене женске облине. На босим ногама, као извајаним, имала је само црне лаковане папуче са неколико каишића и високим потпетицама, које су је додатно издуживале. Брижно неговани и, црвено као њен свилени мантил, обојени нокти били су тешко одољив изазов и порука доктору Томану.

„Морам да останем хладне главе“, било је једино што је тога тренутка помислио Србин Томан.

Као да не примећује његову незаинтересованост, Ета

је с уочљивом љубављу почела да сервира сто за њих двоје. Када је позвала домаћина да седне, он није могао да сакрије своје изненеђење.

„Ета ми је спремила морску рибу, баш онако како волим, како су ми спремали док сам био мали. И мало запеченији патишпањ! Како је то могуће? Па, она зна и где сам рођен, и шта волим да једем...Боже мој, она зна све о мени", помислио је у себи доктор Томан док је гледао богату и лепо припремљену трпезу.

Он као да је желео да одагна претпоставку да је неко дуго и стрпљиво планирао његову отмицу и долазак у Тирану.

Вечера је била више него укусна и пријатна, иако Ета још није била добила дозволу да доктору Томану с њом послужи и неко алкохолно пиће.

Иза трпезе су прешли у удобне фотеље и наставили да се друже уз кафицу, колаче и угодно ћаскање.

Без обзира на разлику у годинама и искуству, тема је било на претек. Поготову из професије која им је била заједничка.

Кад се Ета уморила од неизвесног очекивања да Томан макар и најмањим детаљем покаже да је „осетио" њену лепоту, помало разочарана одлучила је да оде у свој стан.

Доктор је то схватио и без речи јој љубазно пружио руку да се лакше подигне из фотеље.

Да ли намерно, или случајно, она је устајући из ниске фотеље у коју се била завалила, разгрнула свилени огртач са бутина које су одједном „севнуле", малте не до доњег веша. Онда је мирно затражила опроштај, лаганим покретом руке покрила своје једре облине, и без поздрава кренула ка излазним вратима.

Доктор Томан је осетио нелагоду због те чињенице, добро знајући како може да се осећа прелепа млада и паметна жена, спремна да се потпуно преда изабраном мушкарцу, ако је он не примећује.

„Донори“ са бројем уместо имена

Наредни дани протицали су уобичајено, а то је значило – онако како је неко испланирао за доктора Томана. Обавио је неколико операција на болесницима који су имали среће да допадну у његове руке. Због свега тога професионално је био више него задовољан, тим пре што су му колеге исказивале изузетно поштовање, и нису штедели похвале за његов рад код докторке Ете и господина Башкима.

И поред свега, доктор Томан није имао унутрашњи мир. Не само због подсвесног и непрестаног присећања на породицу која је остала у неподношљивој неизвесности и ишчекивању да се он врати, него и размишљања о вечери коју је за њега припремила лепа колегиница.

„Она сигурно има задатак да ме освоји и заведе“, мислио је доктор Томан, али никако није могао да докучи – зашто, а онда остављао времену да покаже шта се крије иза њене намере.

Спас од тешких мисли о прошлом и садашњем животу налазио је у раду због кога му је и господин Башким исказивао све већу наклоност. Наравно, преко Ете која је сада осим његовим мислима, била све ближа и његовом срцу, иако је чврсто одлучио да за њу заувек остане недодирљиво.

Докторове узбуркане емоције прекинула је изненадна појава новог „донора“ бубрега, млађег мушкараца, скоро дечака не старијег од двадесет година.

Исто као и у претходном случају, он се уместо именом и презименом звао само бројем 372. Прималац бубрега такође је, поново, био непознат, и као и претходни и он је био негде у иностранству.

Док је још оперисао овог младића, доктор Томан је пред сам крај зачуо злослутни звук хеликоптера у болничком кругу. Одмах се присетио да је прошли пут, баш када је извађени бубрег спуштао у посуду предвиђену за транспорт, хеликоптер стартован у истом овом часу.

„Каква огромна скаламерија је спремна да понесе један мали бубрег, орган који живот значи" рекао је у себи доктор Томан.

Први пут у животу је помислио како хеликоптер, осим када се користи у хумане сврхе, може да поред убијања у рату послужи и као машина за убијање у медицини.

И та помисао почела је да га мучи, а операције над „донорима" чини све неподношљивијим.

Тога дана више није био способан ни за шта, само је нестрпљиво очекивао да га одвезу у стан и да утоне у дубок сан. И док је он спавао, безимени младић са бројем 372 коме је извадио здрав бубрег, одвезен је из болнице на њему заувек непознато место.

И кад се пробудио, доктор Томан је остао да лежи у кревету. Ни једног момента није помислио да, на пример, укључи телевизор, него је наставио да размишља о несрећном младићу и његовом извађеном бубрегу. И све интензивније о тиму који је предводио у том послу, истина, не сопственом вољом.

После свега дошао је до закључка да неко од младих доктора сигурно има код себе мобилни телефон, да прати операцију вађења органа, и у тачно одређеном тренутку шаље поруку „некоме" ко наређује стартовање хеликоптера, како се не би губило време.

И несвесно је почео да води своју истрагу.

Одлучио је да приликом следећег вађења неког органа „донору“ пажљиво испрати ток догађаја, не би ли му постало јасније шта стоји иза ове очигледно организоване болничке активности. Био је скоро уверен да Ета зна све, али и да не сме ништа да је пита како не би угрозио ни њену ни своју позицију.

Дани су обома били испуњени обавезама на послу, којих је доктор Томан свакако имао више од Ете. И даље су „кући“ одлазили заједно, и чинило им се да су после необичне вечери коју им је приредила Ета, ипак, постали приснији.

Међу њима се још увек није догодило ништа конкретно, оно чему се млада докторка надала и што је желела да оствари, а доктор Томан упркос свакој логици покушавао да избегне на све могуће начине. Није му то у датој ситуацији било ни мало лако, тим пре што је знао да ни случајно не сме да наљути Ету. Када се једног дана вратио са посла у стан, у једном делу дневног боравка затекао је разне справе за вежбање - бицикл, траке за ходање, тегове, федере за развлачење и још неке ситнице. Није знао ко их је донео, али је било очигледно да је неко „бринуо“ о његовом психофизичком стању.

Уствари, неко је испланирао да доктора Томана, када после радног времена оде на ручак и врати се у стан, замори вежбама после којих ће обавезно заспати. Циљ им је био да му што мање времена остане за размишљање. Плашили су се могућности да доктор Томан „склопи коцкице“, јер то би могло да открије и искомпромитује целу организацију, поквари цео систем и на крају нанесе велику штету држави Албанији. Иако их његова судбина ни у којој варијанти није интересовала, и за њих је била извесна, то нису смели да дозволе.

Још увек доктор Томан ништа није наслућивао. Најтеже што му је падало на памет је, да су тим младим људима, „донорима“, плаћали органе, а онда их даље препродавали.

У стварности се дешавало нешто много „црње“ и од тога, али све се још увек добро чувало под велом тајне.

Доктор Томан је једино био сигуран да је на врху пирамиде у болници био Башким, као власник болнице, и да је у његовој зони одговорности било само оно што се дешава у овој установи.

Знао је да нема шансе да до њега дође без знања Ете, а камоли да нешто промени. Само није знао да је већ постао део тима који се бави трговином људским органима. То није могао ни да сања.

Бомбардовање Југославије већ је увелико било у току. Прва бомба је бачена баш на Приштину, град на који је доктор Томан мислио свакога дана и „враћао филм“ на живот проведен у њему, нарочито последњих дана не би ли се сетио важних детаља везаних за његово киднаповање.

У једном тренутку сетио се човека по имену Фадиљ, кога је видео само у Урошевцу, у оној кући где су се одморили и променили ауто. Тај човек је, сетио се доктор Томан, док је он водио разговор са „продавцем новина“ из трафике, стајао у непосредној близини, али камуфлиран у старца са белом капом и чалмом. Ипак, доктор Томан се сетио да је то суво лице и веома карактеристичне бркове имао само полицајац Фадиљ. Сетио се и да је радио у одељењу криминалистичке полиције у Приштини, у тиму за сузбијање кријумчарења и наркоманије.

Покушавао је доктор Томан да „склопи коцкице“, али о томе је ћутао чак и пред Етом, јединем особом којој је веровао, истина са великом дозом опрезности, откад је стигао у Тирану.

Срећна околност за доктора Томана била је чињеница да ради свој посао, што му је омогућило да зарад преживљавања створи бар неки привид о нормалном животу. Полако је почео и да се навикава на свој „нови живот", да одлази у визите које је специјално одобравао господин Башким, или да држи стручна предавања колегама, што га је посебно радовало.

Све му је то давало снагу да издржи, да покуша да сазнао све што може о томе шта је, заправо, његова улога у овој чудној болници, по чијем је наређењу доведен у њу, да ли га, и ко, штити? Одговор на сва ова питања чинио му се недостижним, али је одлучио да сазна што више. Полако, неприметно, са великим опрезом, јер само тако је могао да сачува главу на рамену. Знао је да би био убијен истога трена ако би неко схватио да води личну истрагу за истином.

Свестан да мотре на сваки његов покрет и комуникацију, доктор Томан је био изузетно опрезан у контактима, посебно са Етом. Имао је неки унутрашњи осећај да се сваким даном све више трудила око њега, долазила све лепша и бивала према њему нежнија и увиђајнија, не би ли га приволела на потпуно интимно зближавање са њом.

Доктора Томана је то почело да замара, и натерало да се још више брани од прелепе младе жене, јер је знао да би у случају пристанка на интимни живот са Етом следеће оружје у њиховим рукама била уцена.

Бринуло га је и то што се сваким даном смањивао редовни посао, а број вађења органа „донора", који су уместо имена имали бројеве, стално се повећавао.

Ужасно га је мучило питање зашто су дародавци бубрега безимени, и зашто се не зна ни за једно име пацијента који је био прималац органа. То је за доктора Томана, „вука" самотњака међу непријатељима, постајала ноћна мора.

Ни у кога није имао поверења, и никоме ништа није причао. Само је радио оно што су од њега тражили, крајње одговорно, педантно, без велике журбе. Домаћини су, међутим, били све нервознији, јер и они су полагали рачуне некоме ко је имао потребу да се све то брже ради. Време ће да покаже зашто су тако хтели.

Башким је једнога дана позвао Ету и без устезања је захтевао да му каже да ли је спавала са Томаном.

„Нисам", одговорила је кратко Ета знајући да не сме да лаже, јер је то једно од правила у комуникацији људи из Службе. Онда је наставила да убеђује господина Башкима како се труди свим силама око доктора Томана, правдала се да он још увек није био спреман за такву блискост и објашњавала да је веома чудан човек.

Другог образложења није имала, јер ни сама није веровала да мушкарац, какав је доктор Томан и после толико времена проведеног у непосредној блискости може да јој одоли, неретко у ситуацијама у којима му се она буквално подастирала.

„Знао је доктор Томан шта би то значило у постојећим условима", помислила је Ета, али то није смела гласно да изговори.

„Ради како знаш и умеш, у томе мораш да успеш! Доктор ће веома брзо морати да зна пуну истину о нашој мисији, и ми за то морамо да га припремимо. Без таквог односа са њим не можемо да рачунамо на апсолутну успешност ове мисије. Уколико му се ти не свиђаш, или најскорије не нађеш начин да га придобијеш, мораћемо да нађемо другог оперативца који ће у томе успети", заповеднички је изговорио господин Башким.

Ети су ове речи одзвањале у ушима, али она је, као и сам доктор Томан, знала да он ни на тренутак не сме да се опусти, и да зато мора да учини оно што не би учинио ниједан нормалан, здрав мушкарац.

„Ета, ти добро знаш шта би за тебе и твоју каријеру значила ова јединствена прилика. Зато поразмисли шта и зашто тражим од тебе, и шта можеш да промениш у свом понашању да не би пропустила ову сјајну шансу" рекао је, озбиљно упозоравајућим тоном, господин Башким.

„До сада нисам имала овакав случај, моји мушкарци падали су већ на првом сусрету. Ни доктор Томан није равнодушан, напротив! Имам утисак да је једноставно одлучио да своје осећаје и поступке строго држи под контролом. Остаје ми једино да га „ обљубим ", нашалила се Ета и већ следећег тренутка поцрвенела од стида што се усудила да то изговори пред господином Башкимом.

„Шалим се", брзо је додала, и заћутала.

„Јеси ли добро разумела шта је твој задатак ?", питао је још једном газда болнице.

„Јесам", полугласно је одговорила Ета.

Башким ју је позвао да му приђе и чврсто је ухватио за руку изнад лакта, а онда привукао, тако да су им се тела благо додиривала.

„Па зар постоји мушкарац који не би пожелео да има овакву жену", нежно је пришапнуо Ети на ухо.

„Видите да постоји, то је доктор Томан", одговорила је Ета.

Господар живота и смрти

Видно узбуђен, Башким је почео страсно да љуби Ету. Иако је требало да жури на посао, она је знала да не сме да му ускрати задовољство. Осетила је његово велико узбуђење и брзо откопчала његове панталоне, а онда још брже подигла своју сукњу. Све је било готово за мање од минут.

„То је оно што мораш да урадиш и доктору Томану, а не само мени кад год останемо сами", говорио је задихан Етин непосредни руководилац док је покушавао да кошуљу угура у панталоне, стегне каиш и обрише кармин са лица.

Ета се веома брзо упристојила.

Поздравили су се још једним пољупцем и она је изашла из његовог кабинета. Док је силазила низ степенице размишљала је како да, коначно, освоји доктора Томана кога је већ доживљавала као „свог човека", а зашто, ни сама није знала.

Господин Башким се плашио чињенице да Ета још увек није „добила" доктора Томана. Разлози за његов осећај нелагоде били су сасвим оправдани, јер у болницу у којој је он био господар живота и смрти свакодневно су и са свих страна света, почели да пристижу нови захтеви за вађење људских органа. Башким је знао да ће се доктор Томан, заточеник ове највеће и најбескрупулозније злочиначке организације у свету, Србин из земље која је у рату, и на крају хирург који треба да вади те органе, запитати одакле више толики „дародавци" људских органа, и где одвозе још увек живе „доноре" након што им у овој болници изваде органе?

Доктор Томан је сваког пацијанта после вађења органа обрадио тако да се настави лечење за њихов опоравак.

Башким и остали у ланцу командовања бивали су због тога све нервознији, јер нису знали како тај велики и опасан посао да се ради, ако главни хирург о њему ништа не зна. А са друге стране, шефови мафијашке организације су проценили да доктор Томан, ни по коју цену не би пристао да то ради, када би знао да је у питању продаја људских органа. И треће, Ета је знала да је њен главни задатак да заведе доктора Томана, али је и поред тога управо саопштила Башкиму, да она није та полуга којом желе да га уцене и коју би могли да искористе у реализацији свог пројекта.

Радити овакав пројекат, а немати свог доктора од апсолутног поверења, значило је да је он унапред осуђен на пропаст. Тако су размишљали Башким и остали који су га осмислили.

Доктора Томана је бринуло и то што операцијама које је радио на пацијентима са именом и презименом, којима се не ваде органи, присусутвују само медицинске сестре, инструментарке, анестезиолог, чистачица и можда по један млади доктор. А комплетна екипа младих доктора присуствовала је искључиво операцијама вађења људских органа.

„Шта је, уствари, права намера организатора свега овога са тим младим докторима, и зашто уче само како се ваде људски органи“, често се питао доктор Томан. Одговор није налазио, али је црв сумње озбиљно почео да нагриза његов, какав такав мир. И угрожавао је његово здравствено стање, јер је полако али сигурно почео да га напушта сан. А сваки човек, па и хирург, боље рећи посебно хирург, зависан је од доброг сна. Без њега нема ни прецизности ни концентрације, а то значи ни доброг хирурга.

И док су доктора Томана мучила разна питања без одговора, у болницу чији је заточеник био почели су да пристижу и лекари из Турске, Немачке, Америке, Енглеске, са Косова и Метохије, па и земље домаћина. Они су заједно са „студентима" присусутвовали операцијама хирурга Србина.

Све то је доприносило невероватном кошмару у глави доктора Томана. Ништа му није било јасно осим да се нашао у некој крајње чудној ситуацији, и да је против своје воље постао део нечега мрачнога, што није знао нити је могао себи да објасни.

Временски период између операција два „донора" сваким се даном све више смањивао. Дешавања у приватној болници господина Башкима све више су личила на контролисани хаос.

Доктор Томан је приметио да и у његовој екипи влада све већа нервоза, али није знао зашто. Стекао је утисак да то више нису били они људи које је упознао када је дошао, као да су се одједном „затворили" и хтели да забораве све што су видели и научили од њега. Учинило му се да би најрадије да побегну некуд далеко, а сећања оставе ту где су се, исто као и доктор Томан, затекли ко зна чијом вољом.

И доктор Томан је то желео јер је сањао слободу која му је одузета онога часа када је ушао у зелену „ладу". Остали из необичне екипе за вађење људских органа плашили су се дугогодишње робије, која им се чинила сасвим извесном када се открије у чему су учествовали. Знали су да Албанија и Албанци, прави интелектуалци, никада неће стати иза тог пројекта, ако се истина обелодани. Тако су стајале ствари са учесницима екипе за „хитне" случајеве приватне болнице у Тирани, у власништву господина Башкима.

Једног јутра докторка Ета је позвала колегу Томана у своју ординацију. Добила је задатак да му пренесе саопштење због кога није била весела.

„Колега Томане, господин Башким ме је замолио да вам пренесем његово наређење. Од сутра нећете више радити операције пацијената који се лече у нашој болници, већ искључиво на вађењу органа од људи који испуњавају све законске услове да донирају своје органе", на брзину је изговорила Ета, као да се трудила да нешто не заборави.

Њој је, уствари, било веома непријатно да све ово каже доктору Томану, јер је претпостављала да ће то бити у супротности са његовом докторском етиком. „Приметио је господин Башким да сте ви уморни од великог рада, па је одлучио да вас на овај начин растерети. Нада се да ћете ви то знати да цените", још брже је образложила наређење господина Башкима.

Доктор је, сад већ озбиљно забринут, само ћутао и гледао у помало постиђено и уплашено лице његове лепе колегинице.

„Свакако, свакако ћу знати да ценим бригу господина Башкима о мени. Пренесите му поздраве захвалности са моје стране", хладнокрвно је одговорио доктор Томан.

„Хоћу, пренећу му све, баш овако како сте рекли.

Имате ли још нешто да му кажете, могу и то да му пренесем", питала је Ета Томана.

„Имате ли ви, поред овога, мени још нешто да кажете", питао је Томан.

„Немам", одговорила је кратко Ета.

„То значи да могу да идем", учтиво је упитао доктор Томан.

„Да", одговорила је његова млада колегиница већ умрона од лажне финоће, и рекла му да иде, јер је била на граници да заплаче.

Томан је отворио врата и отишао.

Кораци су му били тешки од свега што му је Башким ставио на душу. Сада му је било скоро сасвим јасно да је увучен у завери и да га користе за нешто што се коси са свим људским нормама, о Хипократовој заклетви да и не мисли, али и са законом било које државе у свету, па и Албаније. Што више је покушавао да изађе из новонастале агоније, све дубље је тонуо у њу.

Са доктором Томаном су на нову дужност пошли и млади доктори који су се трудили да што више науче од њега. Била је то за њих врхунска специјализација. Време ће тек да покаже, за шта су се специјализовали, али та чињеница ће узнемирити цело човечанство, не само Србију доктора Томана и њихову Албанију. Јер о томе што је овде у Тирани неко организовао, а појединци одрађивали, наводно, у име свог народа и „виших циљева", свет још никада није чуо.

Сумња доктора Томана полако се показивала оправданом. Шта више, почео је да се прибојава да би оно што се догађало у болници у Тирани могло да постане „општа" појава у свету, трагедија од које ће се узалуду грозити сав цивилизовани свет.

Одлучио је да крене сам против свих. Направио је план како ће да открије све шта је желео. Знао је да не сме да жури, него да мора стрпљиво да сачека прилику. Сам није смео ништа да предлаже ни да иницира, јер на то није имао право. Доктор Томан у Тирани није човек, него Србин.

Наставио је да ради, како је то од њега тражио господин Башким. То је значило најмање две операције вађења људских органа свакога дана. Млади доктори су почели и сами да се укључују у сложене операције вађења органа, од заиста невероватно великог броја „донора" по мишљењу доктора Томана. То му је донекле олакшало ситуацију, али га није ослободило грижe савести. Доктор Томан ништа није могао да уради на спречавању свега што се дешавало у приватној болници у Тирани и то је сматрао великим и забрињавајућим проблемом који није могао да превазиђе.

Покушавајући да бар повремено побегне од размишљања о својој безизлазној стварности, све чешће је размишљао о колегиници Ети. Осећао је да би му било лакше, када би она свакога дана била у његовој близини.

Одлучио је да је замоли да се више не одвајају. То јој је саопштио истога дана када су се враћали кући, у своје станове, који су се налазили у кругу кампа за обуку питомаца – кадета, како је писало на њему, али доктор Томан је знао да се ради о терористима.

Ета се обрадовала али није могла ништа да му обећа, јер о томе није могла она да одлучи. Јасно је да је одлуку о томе могао да донесе само господин Башким.

Предложила је доктору Томану да га она најави код господина Башкима, па да га он лично пита.

„То је једини пут да се донесе таква одлука", рекла је Ета док су разговарали испред зграде у којој су обоје живели.

Доктор Томан се сагласио са њеним мишљењем, а онда су се поздравили и отишли, свако својој „кући".

Ета се потајно радовала, видела је своју шансу да оствари не само задатак Службе, свој професионални циљ, већ и жељу која се у међувремену родила.

Истог дана обавестила је свог претпостављеног да доктор Томан, жели нешто да га пита.

Башким је помислио да га је неко увредио и пред Етом припретио особљу болнице да ће имати проблема са њим, уколико доктор Томан буде имао проблема са њима.

Ета је сачекала да он заврши, а онда му објаснила да је нешто сасвим друго у питању.

„Нека дође на крају недеље, после тога одлазим у Цирих и нећу бити неколико дана у Тирани. Петак 18.00 часова“, прецизирао је господин Башким.

Ета је сутрадан све пренела доктору Томану.

Он је имао три дана за размишљање. Поред осталог, често је мислио и о оним контрадиверзионим вратима, знао је да мора кроз њих да прође због Башкимове безбедности.

Нове „послове“ доктор Томан је прихватио

и организовао са максималним залагањем и пажњом, јер није желео ни најмање проблеме.

Док је чекао тај петак у 18.00 часова када би требало да се види са гоподином Башкимом, одлучио је да у џеп стави нешто од челика, медицинског, нешто безопасно, само да би видео како реагују она врата за КДЗ заштиту. Нашао је неку малу грицкалицу за нокте, апсолутно безопасну.

Ставио ју је тог петка у џеп сакоа и кренуо. Само је он знао зашто то ради, и нико други. Ета је ишла поред њега, она није имала обавезу да прође кроз та врата, али доктор Томан јесте. Како је закорачио, секретарици

Шпреси се упалила „лампица“, он ништа није приметио, ушао је у кабинет домаћина и на његов предлог сео у удобну, луксузну фотељу.

„Слушам“, рекао је господин Башким.

Само што је доктор Томан заустио да изнесе свој проблем, у Башкимов кабинет ушла су двојица униформисаних лица и ту, пред газдом, затражили од доктора Томана да им омогући претрес. Он је преплашен устао, дигао руке и они су га претресли. Из десног џепа сакоа су му извадили малу грицкалицу за нокте.

Иако га ништа нису питали, он је почео да се правда како је то понео само да би после купања....

„Све је у реду“, прекинуо га је господин Башким, а онда се захвалио момцима и наредио им да изађу.

Томан је још дуго био узнемирен. Показивао је страх већи од оног који је заиста осећао.

Зашто је то радио, видеће господин Башким.

Да би га смирио, домаћин му је предложио да убудуће, када долази код њега, не користи та врата, већ нека пролази онуда, куда пролази докторка Ета. То је, уствари, доктор Томан и хтео. Да се спријатељи са господином Башкимом.

Провера „великог брата“

Томан је свој проблем изнео дрхтавим гласом и замолио „газду“ да удовољи његовој молби.

„Тако ће ми бити много лакше“, рекао је и заћутао.

Као сваки „велики брат“, и господин Башким је одмах позвао Ету да уђе из суседне канцеларије.

Она је дошла, стала у став „мирно“ и слушала.

Све што је доктор Томан тражио од господина Башкима, он је у виду наређења саопштио Ети и рекао да је до даљег на том радном задатку.

Попили су по чашу воде и доктор је схватио да треба да крене.

Ета и Башким су остали сами.

„Ако овога пута не искористиш шансу, мртва си“, кратко је Башким упозорио Ету.

Она је то схватила озбиљно, јер само она је и знала ко је Башким, као што је и он знао ко је Ета.

Растали су се строго пословно.

Овој молби доктора Томана највише се обрадовао Башким. Она је ишла на руку његовом начину рада и контролисању људи.

Томан је често размишљао и о томе како се хеликоптер чује само у моменту када он, извађени орган ставља у посуду за транспорт органа до примаоца.

Покушавао је то себи да објасни и прихвати, као део обуке која се одвијала у терористичком кампу.

„Могуће је да је све то само случајност“, размишљао је често.

Али здрав разум му је говорио другачије.

Обука се одвијала на неколико километара од болнице, а звук хеликоптера се чуо изблиза, као да се спуштао на зграду болнице.

Мучио се, тако, данима и недељама. Почео је да губи на килажи, што њега није бринуло, али докторку Ету и господина Башкима јесте. Предложили су му да оде на преглед, али је он одбио уз образложење да се осећа добро.

Нису хтели да инсистирају, оставили су га да он одлучује о свему.

Они, наравно, нису могли ни да претпоставе шта је доктор Томан наумио и какав је план направио. Оно уношење „грицкалице" у кабинет господина Башкима је било само први корак. То му је уливало веру, терало га да истраје упркос повременом осећању да је на измаку животне снаге. Хтео је освету по сваку цену, али је пре тога желео да сазна све детаље дешавања у приватној болници у Тирани.

Био је свестан да у томе никако не може да успе без помоћи докторке Ете или господина Башкима, а истовремено је знао да му Ета не верује довољно да би му било шта испричала. А није му веровала зато што ни он није показивао да има поверења у њу, одбијао је њену љубав, није желео интимне односе са њом, што је за жену од кључне важности када се одређује према неком мушкарцу. Жене су у тим односима много ригорозније од мушкараца, и јако добро мере да ли ће уопште поклонити своје поверење особи која их је одбила.

Знао је доктор Томан да нешто у понашању мора да мења. Чак је знао и шта, али није знао како.

„Ако желим да постигнем задати циљ, а мој циљ је да сазнам истину без обзира на цену, и казним виновнике, тада морам да будем спреман на све и не смем да размишљам о свом животу", говорио је доктор Томан својим унутрашњим гласом.

Са преласком доктора Томана на ново „радно место", докторка Ета је донела одлуку да се пресели у његов стан. Њега је то веома обрадовало, јер је мислио да ће њихово додатно зближавање ићи у прилог његовом плану.

Исте вечери људи у елегантним, цивилним тегет оделима, пребацили су све Етине ствари у стан доктора Томана. Све му је ишло на руку осим чињенице да ће му сада бити веома тешко да са таквом женом живи у истом стану, под истим кровом, а избегава да спава с њом.

Брзо је размишљао, јер морао је да нађе решење за тај проблем, пре него што му се она „увуче" под јорган.

Одлучио је да смисли релативно логичну „причу" о томе како су се он и његова жена међусобно заклели да ће у случају смрти остати верни једно другом и годину дана после физичког раздвајања. То што ништа није знао о породици, и што се нашао у ситуацији да је физички био одвојен од супруге, сматрао је равним смрти, и одлучио да Ети саопшти како мора да остане доследан датој заклетви.

Већ прве вечери, док су седели за столом и гледали телевизију, он је измишљену причу „онако спонтано", испричао Ети.

Младој и интелигентној докторки, која је такође брзо мислила, одмах се „упалила лампица", па је израчунала да је доктор већ девет месеци у Тирани, и да је до испуњења задатка које је обећала својој држави, „Великој Албанији", остало још три месеца.

Одлучила је да целу „ролу" одигра до краја, и рекла му да га искрено воли, па ће остати с њим у стану чак и под условом да спавају у одвојеним собама. Једино, није морала да глуми како је тужна због тога, јер је то заиста и била – о сексу са доктором Томаном маштала је од првог њиховог сусрета.

„Испоставило се да на путу остварења мог тајног плана, сада већ постоје две важне чињенице – прва је да Ета може да уђе у кабинет господина Башкима мимо контрадиверзионих контролних врата, а друга да је, и поред свега, дефинитивно стекла поверење у мене", бодрио је доктор Томан сам себе и потајно се радовао што је дан остварења његовог плана био све ближи. Тако су Ета и Томан сваког дана заједно ишли на „посао", заједно проводили време у „кући" и све више упознавали једно друго. Изгледали су као прави срећан пар. Нико не би могао ни да претпостави да доктор Томан ни руком није додирнуо прелепу Ету.

Очекујући да прођу још три дуга месеца она се, тако лепа, увек пресвлачила на место са кога је он могао да је види. Надала се да он потајно посматра њено као извајано тело, ту прегршт лепоте, склада и грациозности на једном месту. Истовремено се правила да то не примећује, и виртуозним покретима му давала до знања да његове погледе осећа као миловање.

Није могла ни да помисли да Томан, тако из даљине, покушава да утврди да ли је она рађала или није, што га је истински интересовало.

Желео је да се потпуно увери у њену искреност, јер упамтио је да му је приликом ранијих дружења Ета рекла да се није ни удавала. Доктор Томан је дошао до закључка да је она, ипак, рађала, да има једно или више деце. То је није чинило мање привлачном, напротив!

Дешавало се да поподне, док лешкаре у свом стану, чују како „питомци“ (терористи) играју фудбал. Без обзира на то, навијање младих момака их је чинило срећнима, јер их је подсећало на најлепши период живота, који је остао одавно иза њих.

Доктора Томана је то обавезно у мислима враћало на његов стан у Приштини, јер одмах испод његовог прозора је било спортско игралиште са кога је често допирала иста таква галама. Сетио се да су и у Приштини навијали на истом језику, па га је то понекад растуживало до суза, које је крио окрећући лице ка јастуку и глумећи да спава.

Тада би затворених очију размишљао о својим најмилијима, и питао се хоће ли их икада више видети. Када су га обузимале такве мисли, најчешће је гледао да уграби прилику да га Ета не види, и промакао поред ње у купатило. Најједноставније му је било да црвенило у очима Ети оправда тушираљем.

Све су то биле муке честитог човека, одлучног да се избори против зла које га је задесило. Борио се не само да себе избави, него је и нападао јер је имао жељу да победи и да „некога“ казни.

План који је чувао у својој глави, давао му је снагу да све кроз шта је пролазио издржи до тренутка када је одлучио да „намири рачуне“.

Галама „питомаца“ га је, ипак, на неки начин одмарала и психички је све лакше подносио кад би чуо те момке како јуре и радују се животу. Помало га је, чак, растуживало што ни они нису знали ни шта раде, ни за кога раде то што раде. Једноставно, ту нико није знао ништа, а сви су радили по нечијем плану.

Ко је тај „неко“, било је основно питање које је мучило доктора Томана.

Да би стекао поверење докторке Ете, он јој је дозволио да му се приближи, тачније, да га држи за руку док су ишли према возилу, или из возила према згради болнице или стану у коме су живели. То је била једина маршрута којом су они могли слободно да се крећу. Све остало је за доктора била само машта или жеља, за коју је предосећао да му се никада неће остварити.

Једном недељно у њихов стан је долазио човек са неким детектором и претресао га. Њима је образлагано да се то ради због безбедности доктора Томана, самим тим и докторке Ете.

Прави разлог је, нормално, био сасвим други. Проверавали су да доктор, можда, из болнице није донео нешто чиме би у току ноћи могао да повреди своју колегиницу.

За доктора то је био добар сигнал да у стану не сме да држи баш ништа чиме би могао да се искомпромитује његов, могло би се рећи, паклени план.

Он је постао приметно пажљивији, предусретљивији и нежнији према Ети, а да није ни слутио ко је она.

Помислио је у једном тренутку, док је гледао како је лепа и згодна, као да ју је неко „насликао“ за себе, а не да је то родила мајка. Истински је био фасциниран младом докторком Етом, са којом је од недавно делио и животни простор.

Доктора Томана је истински бринуло, и о томе је непрестано размишљао, откуд одједном толики број „донора“. На тренутке је помишљао да их Албанци, можда, плаћају скупље него било која држава у свету, али онда се враћао на чињеницу да је Албанија међу сиромашним земљама и да је то немогуће. Једноставно, није престајао да мисли о младим људима који дарујући неки свој орган свесно уништавају властити живот. Није ни претпостављао да се све ради против њихове воље, да су они којима је извађен по један бубрег и ако би са другим могли да живе, редовно били убијени. Брутално, како свет и човечанство не памте, а њему су говорили како их шаљу на даље лечење и рехабилитацију у посебно опремљене и савремене „здравствене" центре.

Колико год да се доктор Томан трудио, још увек је био јако далеко од истине о збивањима у приватној болници господина Башкима.

Екипа младих доктора радила је „пуном паром", а доктор Томан их је само надгледао и контролисао. И то му је падало тешко, јер се није школовао за такву врсту „лечења" људи.

Надао се само да ће му Бог, као и сваком праведнику, помоћи да сазна истину, а да ће онда кренути у реализацију свог плана.

Ета се није одвајала од њега. Док су били на послу она му је брисала зној са чела, испод маске, и ни једној медицинској сестри није дозвољавала ни да му приђе. Радије је све радила сама. Временом је чак почела да осећа љубомору, и само је размишљала када ће проћи још тих нешто више од два и по месеца. Била је уверена да ће доктор Томан тада у потпуности бити њен. Као жена, некако је и могла да претрпи то, некад предуго а некад кратко, време, али као официр Сигуримија, тајне полиције на посебном задатку, постајала је све нервознија.

„Не дај Боже да се доктору Томану у међувремену нешто деси", често је помишљала Ета.

Био би то први њен задатак који није извршила.

„Вероватно би то био и крај моје каријере, а можда и живота као што је нагласио господин Башким", власник болнице и у стварном животу и њен претпостављени, мислила је млада докторка.

О свему овоме доктор Томан није имао појма, ништа није знао ни наслућивао.

Иако су живели у истом стану и радили у истој болници, дан и ноћ проводили заједно, они су само били двоје људи који су се стицајем околности, свако својим послом, нашли једно поред другог.

Једног кишног поподнева, док су Ета и Томан одмарали и уживали гледајући на ТВ тениске вештине Ђоковића, Србина који је тада био на самом почетку стварања своје светске каријере, у стану доктора Томана зазвонио је телефон.

Он се није одвајао од екрана, јер је имао ретку прилику да чује српски језик водитеља, а Ета би се и иначе јавила јер је било очекивано да се са друге стране жице неко јавља на албанском језику.

„Треба хитно да се јавимо на клинику", најкраће га је обавестила Ета, и додала да је неколико младих „специјалиста" већ поред операционог стола на коме је лежао млад човек, по њиховој процени између 25 и 30 година старости.

Док су се спремали да беспоговорно крену на извршење новог задатка, доктору Томану је поново „синуло" да је и нови „донор" без имена, само под бројем.

Кад су за десетак минута стигли у болницу доктора Томана је шокирало наређење које је гласило: „Извадити срце и спремити за транспорт".

Без иједне речи, са огромном „кнедлом" засталом у грлу, он је погледао апарате који показују рад виталних органа и проверио да ли су инструменти стерилни.

Потом је открио младића и видео да нема никаквих повреда на телу.

„Значи, није у питању ни саобраћајна несрећа“, тихо је констатовао доктор Томан.

Млади „специјалисти“ су предложили да се и он укључи у операцију вађења срца, али је доктор то одбио уз образложење: „Ви то радите одлично, бићу ја ту.“

Изговорио је то са превеликом тугом у души, толиком да му се учинило да овога пута неће преживети.

Ета је то приметила и пришла му са леђа, плашећи се да ће доктор Томан пасти.

Знао је он да то не сме да му се деси. То би значило да пада и његов план откривања мистерије - ко су људи које овде свакодневно убијају, а да и не покушавају да их излече.

Први пут откакао је у Тирани, доктор Томан је овако помислио. Био је у праву, уместо имена стајао је број 423.

Злокобни хеликоптер односи срце

Срце младог човека извадили су релативно брзо, затворили грудни кош, али у тренутку када су срце спуштали у специјалну посуду за транспорт, зачуо се злокобни звук хеликоптера.

„То је то", помислио је доктор Томан, сигуран да је то хеликоптер који одвози органе извађене у приватној болници господина Башкима.

Био је уверен да му је баш овога тренутка све постало јасно.

„Трговина људским органима", рекао је у себи!

Само је још требало да сазна ко су и одакле жртве. И што је још много теже од овога, ко су и одакле су примаоци овде извађених људских органа?

„Ако макар једну од ове две тајне демистификујем, откријем, моја мисија ће бити завршена", донео је тврду одлуку доктор Томан после свега што је видео. Пожелео је да живи само док му се укаже прилика да казни виновнике овог тешког злочина у установи коју људи називају болницом.

По завршеном послу, касно у ноћ, док је возач докторку Ету и доктора Томана враћао кући, он је замолио Ету да га најави код господина Башкима.

Обећала је да ће то урадити одмах, сутра, ако он буде у Тирани.

„Много путује господин Башким", унапред га је правдала „госпођица" Ета, за случај да он не жели да га прими на разговор.

Кући су стигли буквално пред зору. Причали су још о неким обичним стварима и заспали, тако обучени у дневном боравку. Нико није смео да их буди тога дана, тако је наредио господин Башким преко своје секретарице Шпресе.

Пробудили су се нешто пре поднева. То се доктору Томану у животу десило само још једном, на почетку каријере. Када су устали обучени, подсмевали су се једно другом због изгужване гардеробе.

Купатило је, по старом добром обичају, прво заузела Ета и задржала се у њему као да је поново заспала. Међутим, изашла је као „нова“, као да је управо сишла са модне писте.

Потом је у купатило ушао доктор Томан, истуширао се и обријао, опрао зубе, и све то за нешто више од пола сата.

Поново су били спремни за посао.

Заједно су стигли до болнице, а онда су се раздвојили и кренули свако својим путем. Доктор Томан је отишао у своју ординацију, пошто није имао право да мења своју задату маршруту, а Ета је отишла до кабинета господина Башкима. Хтела је да га обавести о жељи доктора Томана да се сретне са њим, да га „главнокомандујући“ прими на разговор, или ако не може, онда бар први човек до њега.

Радни дан је већ увелико протицао и сви млади доктори су били ангажовани у неком послу. А њега је било толико, да нико није имао чак ни минута слободног времена да попије кафу.

Док је доктор Томан облачио мантил и покушавао да извади кломпе из ормара, зачуо се хеликоптер.

„Опет је некоме извађен орган“, скоро да је крикнуо Доктор Томан, брзо обуо кломпе и отрчао према операционој сали.

Мало је закаснио, али се на излазу из сале срео са тројицом људи крупне грађе у оделима, са црним наочарама. Први и последњи у колони нису имали ништа у рукама, онај у средини је носио мали, ручни фрижидер. Ова двојица су се трудила да обезбеде слободан и безбедан пролаз за „носача људских органа".

Катастрофа, по ко зна који пут хеликоптер носи нечији живот, продају га неком другом и тако сваки дан. То је доктору Томану, иако он у последње време није радио хируршке захвате лично, постало неподношљиво.

Видевши га, младе колеге су се само мало ускомешали, али ништа посебно. Понудили су му да види шта су радили. Одбио је рекавши да је све већ готово и да у тој фази његово присусутво није неопходно.

Вратио се у одринацију и сачекао Ету да дође. Интересовале су га вести од господина Башкима, хоће ли имати времена за њега.

Није прошло више од 10 минута, а Ета се појавила са широким осмехом на лицу, који је говорио све. Пре него што му је и рекла он је знао да ће се убрзо видети са господином Башкимом.

„Можеш ли да одеш данас до 18.00 часова, када год будеш хтео, или после недеље", први пут се Ета обратила доктору Томану не персирајући му, што га и није превише изненадило. Она је ту испред њега раскопчала мантил и питала га да ли види на њеном боку неку масницу или ожиљак. Погледао је пажљиво и видео једва приметно црвенило. Питао је шта се десило.

„Нисам видела нову жардињеру у ходнику када сам ишла према господину Башкиму, и онако у журби сам се ударила", јадала му се Ета.

„Ништа то није, само мало да спустиш главу када јуриш по овим ходницима и све ће бити у реду", посаветовао ју је доктор Томан.

Насмејали су се и тај дан провели заједно. Имали су само једну интервенцију, и то је био за њих „добар радни дан“.

Одлучили су да кући крену око 17.00 часова како би доктор Томан могао да сврати код господина Башкима. Као по договору, Шпреса их је сачекала са осмехом на лицу, Ети понудила да седне код ње и да попију по пиће, док доктор Томан и господин Башким буду причали. Знали су да састанак код господина Башкима не може да траје дуже од 15 до 20 минута, ретко када дуже од тога.

Доктор Томан је ишао за Шпресом, заобилазећи контрадиверзиона врата. Она му је упутила упозоравајући поглед, а доктор Томан јој је одговорио на непостављено питање.

„Ушао сам тако, по одобрењу господина Башкима“.

Госпођа Шпреса се само насмешила када је то чула, што је значило да није до тада знала за ту промену у правилима која су прописана за све, па и за доктора из Србије.

Башким се радовао сусрету, две шљивовице су већ биле на сточићу који се налазио између три изузетно луксузне фотеље.

Сели су и господин Башким је подигао чашу и наздравио доктору Томану, рекавши:

„Гзуар“! (живели)

Томан се насмејао и рекао онако како кажу Албанци на Косову када се опуштају.

„Рнофт“! (исто значење – живели)

Када су попили по пиће, Башким се без персирања обратио доктору и питао га:

„Шта је Твој проблем, реци како да Ти помогнем“?

„Мене интересује само зашто је оном младићу извађено срце, а био је здрав као дрен", нагласио је доктор Томан.

„Ааааа, то тебе интересује! Да, био је здрав, али само физички здрав. Онај младић је осуђен на доживотну робију – смрт, значи. Убио је целу породицу на југу Албаније да би им отео паре. То ми овде практикујемо са таквима. Ја бих му руком ишчупао срце. Мозак му је био болестан, разумеш! Имаш ли још које питање", љутито је рекао господин Башким.

„Немам, могу ли да кренем", питао је Томан.

„Прво да попијемо пиће, па ћеш онда да кренеш", наредбодавно је одговорио газда необичне болнице у Тирани.

Испили су остатак ракије из чашица и доктор Томан је устао.

„Оваква питања убудуће избегавај, о томе мислим ја. Ти имаш паметнија посла када си кући, имаш Ету. Боље ти је да се са њом дружиш него са лошим мислима", био је Башкимов савет Томану.

„Разумем господине Башким", војнички је рекао Томан.

„Стани, то разумем за тебе не важи. Од онога тренутка када сам ти дозволио да заобилазиш она врата, знаш која, ти си мој пријатељ коме верујем", рекао је доста гласно Башким.

„У реду пријатељу, хвала на поверењу и видимо се", изговорио је доктор једва чекајући да изађе.

„Ти само уживај", нагласио је Башким, смејући се и очима показујући на Ету, не трудећи се да то сакрије од ње и од Шпресе.

Ета је устала, ухватила доктора Томана за руку и тако су напустили не само кабинет господина Башкима и канцеларију младе Шпресе, већ су тако ишли кроз целу болницу, све до возила које их је чекало.

Како је који дан пролазио, Ета се све више приближавала доктору Томану, почела је да брине и о томе шта једе, шта пије, како се облачи, да ли му је чисто све што му треба. Јасно је било и доктору да она чека онај дан када ће, поред осталог, испунити свој задатак добијен од Сигуримија.

За докторку Ету то је била велика нада и очекивање. Доктор је у међувремену одлучио да цео свој план, ако се за то укаже могућност, оствари и пре зацртаног рока, јер му је већ било дојадило да се „брани“ од намера лепе колегинице да „крунишу“ своје пријатељство.

То значи да мора да открије довољно података који би му помогли да мирне савести и реализује свој план или да исто тако мирне и чисте савести одустане од његовог остварења.

Шта је то припремио доктор Томан за господина Башкима, биће јасно у наредних неколико месеци.

Ових неколико дана, преко два месеца нису толико важни, они ће пролетети у следећој недељи. То се не рачуна у неко озбиљно време за овако крупне пројекте.

Следећи радни дан је био право искушење за доктора Томана, али и за докторку Ету. Вадити срце човеку не старијем од 40 година, и бубрег детету од неких девет година, био је ужасан задатак!

Доктор Томан и докторка Ета саопштили су екипи младих доктора да ће они радити на вађењу срца, а њих двоје и остали чланови операционе екипе на вађењу бубрега дечаку.

Одлагања није било, сви су то знали, и урадили су оно што су морали.

Доктор Томан је одлучио да иде код господина Башкима и затражи услугу од њега. Хтео је да га замоли, уколико све код дечака прође без компликација, да његово даље лечење води доктор Томан заједно са докторком Етом. Мислио је да макар најкритичнији месец дана он треба да брине о том детету које није имало име, већ само број као и сви претходни пацијенти. Његов број је био 555, и доктор је помислио да ће то, можда, бити срећан број за дечака.

Док су га припремали, пре него што је дошао анестезиолог, доктор Томан и докторка Ета су дечака скинули голог.

Ети су полако капале сузе које је безуспешно покушавала да сакрије, а Томан се питао откуд толика њена емотивност према дечаку.

„Ипак је она женско створење, слаба је за овакве ударце“, помислио је Томан покушавајући да оправда њене сузе.

Док га је доктор мазио, приметио је да би дечак да пишки. Принео је његовом кревету „гуску“ која се користи у таквим ситуацијама. Урадио је оно што је посао медицинских сестара. Онда је ухватио дечаков пенис да би га гурнуо у „гуску“ и помогао му да се измокри.

У тренутку се зачудио, јер је схватио да дечак није „обрезан“, да над њим није извршено сунећење. Знао је да муслимани то раде мушкој деци у раном детињству, најкасније до поласка у школу. Помислио је да су тај догађај можда одгодили родитељи из неких разлога, и да ће то учинити касније.

Док је доктор размишљао о свему томе, поред њега се нашао анестезиолог. Измерили су тежину дечака, од редили дозу анестезије коју он може да прими, и дечак је убрзо после тога утонуо у сан. Само доктор Томан и докторка Ета су знали какав, и колико скуп је био сан несрећног дечака.

Дете је из тог сна изашло без једног бубрега. Када је Ета извађени бубрег стављала у посуду, зачуо се звук хеликоптера. Она се понашала као да то ништа није необично, али доктор Томан је био свестан да је и звук хеликоптера био део злочиначког подухвата. Он је знао да се ово дешава искључиво због продаје људских органа.

„Ово је добро организована мафијашка болница", помислио је док су му скидали рукавице.

На лепом Етином лицу и даље су били видљиви трагови необичне узбуђености, а у очима сузе.

Питала је доктора Томана због чега жели да иде код господина Башкима, а онда га, као успут, подсетила да то не сме да ради често јер може да доживи непријатности, ако се господин Башким наљути.

Када јој је рекао разлог, млада докторка је поново заплакала. Овога пута зато што је осетила да искрено воли свог колегу, јер је безгранично хуман човек.

„Отићи ћу ја, сама, и у своје име ћу замолити господина Башкима то што си ти хтео да га молиш. Плашим се за тебе јер си пре неколико дана био код њега, а верујем да разумеш због чега то не смемо да урадимо. Надам се да ћу успети да га убедим у твоју племениту намеру и да ћемо дечака 555 задржати на нашој клиници и заједно га лечити", изговорила је Ета у страху од Томановог одговора.

Пошто је у међувремену поразмислио, доктор Томан је наоко мирно изложио свој став: „Слажем се, сигурно си у праву, јер мене лако понесу емоције па понекад и не размишљам сасвим рационално. Подржавам твој предлог да понекад наступиш у моје име јер имам пуно поверење у тебе“, скоро сасвим сабрано одговорио је доктор Томан.

„Случај Мали" докторова опсесија

Ета се захвалила доктору Томану са очигледним олакшањем, и не губећи време упутила се право у кабинет господина Башкима.

Задржала се баш дуго. Он никоме и никада није посветио толико времена, али Ета је била спремна на све, само да би спречила могући комфикт свога шефа са доктором Томаном коме је желела да удовољи, и да заједно с њим помогне деветогодишњем дечаку.

После скоро сат времена Ета је, искрено задовољна оствареним постигнућем, журно улетела Томану у загрљај, кратко и радосно изговарајући: „Одобрено је"!

Без иједне више изговорене речи. Тренутак несмотрености доктора Томана, Ета је искористила и пољубила га.

Док је чврсто и истовремено нежно држао Ету у загрљају, Томан је на њеном врату осетио мирис мушког парфема који је на његову подсвест деловао отрежњујуће, али се суздржао од било каквог питања и понашао се, као да ништа није приметио.

Једино о чему је тада мислио била је свемоћ лепих жена, а Ета је заиста била прелепа.

Уместо да га мушки парфем на њеном врату макар мало разљути, Томан је осетио да му Ета постаје још ближа, и још дража. Закључио је да је то што је она управо учинила била њена несвесна жртва за остварење његовог тајног, пакленог плана.

Дуго је Ету држао у загрљају и притискао је на своје груди захваљујући јој на помоћи, јер му је спасавање дечака био једини, тога тренутка најпречи задатак.

Ети је „жртва" помогла да се осети довољно важном,

јаком и моћном да је себе већ видела као оперативца Сигуримија, тајне полиције Албаније. И то Велике Албаније, од које је, била је уверена, заслужила и очекивала унапређење онога тренутка када буде потврдила да је доктор Томан под њеном контролом, апсолутно и без резерве.

Несрећног дечака коме су извадили бубрег, сасвим спонтано, отад више нису називали бројем 555. Деловало им је то поражавајуће, а доктору Томану чак и морбидно, јер га је подсећало на страдање десетина хиљада српске деце у Јасеновцу, означене само бројем.

Отад су дечака звали једноставно – Мали.

Неговали су га и бринули о њему, доктор Томан није знао ни одакле је Мали. Коме је послат његов бубрег, то није могао ни да претпостави, а да пита, ни случајно. Једино шта је знао јесте да га осећај не вара, да је и бубрег Малог продат тамо некоме, ко можда мисли да је његов донор страдао у саобраћајној несрећи.

Није хтео да верује да на планети постоје људи који би свесно пристали да на тај начин дођу до органа којим би продужили свој или живот свог ближњег, свог најмилијег.

„И Мали је некоме најмилији, можда некоме од оних који су раније остали без неког органа, а и живота“, био је сигуран доктор Томан.

Не тако ретко размишљао је зашто Мали није обрезан, и све чешће долазио до закључка кога се највише плашио. Баш због тога хтео је да демантује своје претпоставке, али се брзо освестио и закључио да у том случају никако не би могао да избегне сукоб са господином Башкимом.

„Случај Мали“ постао је озбиљна докторова опсесија.

Одлучио је да сваког следећег пацијента „идентификује“, да му прегледа полни орган и да утврди да ли је обрезан, или није. Био је сигуран да ће му то на неки начин помоћи да одреди локацију са које су у приватну болницу у Тирани доводили жртве, а не пацијенте.

Размишљао је о екипи младих доктора, и понекад га је тешило што су операције вађења органа већ неко време радили они сами, а не он. Али, то је доктору Томану била слаба утеха, јача је била његова немирна савест због чињенице да их је баш он учио, и за кратко време успео од њих да створи хирурге – специјалисте.

И стално је имао на уму да су они у знак „захвалности“ за његов труд прешли на страну убица. Радили су за неку мафијашку организацију. Доктор Томан је у то био убеђен због њиховог све укупног понашања у болници, у коме су владали дисциплина, прецизност, послушност, покорност и на крају невиђена безосећајност и бескрупулозност.

„Посла“, односно жртава, било је све више, јер је према информацијама које су стизале од господина Башкима, владара живота и смрти у болници, потражња за здравим људским органима свакодневно расла. То је наметнуло обавезу медицинским екипама да раде у две смене. Што више здравих, извађених органа је излазило из болнице, то више људи, такозваних „донора“ је у њој било убијено.

Такво стање ствари доктору Томану је постало неподношљиво. Био је све нерасположенији, и једино га је радовало, када је ујутро одлазио на посао, што ће се срести са Малим.

Дуго је размишљао кога је Мали гледао када је гледао у њега или у докторку Ету. Није то био обичан поглед, већ продоран, нежан, тужан, безвољан али жељан љубави које више нема, без трептаја, све се то истовремено видело у погледу Малог.

„Можда он сања отворених очију, можда, можда гледа“..., питао се доктор Томан.

Није знао кога, али је знао да не гледа ни њега ни Ету, у то је био сигуран.

Доктор Томан је тада већ живео за само две ствари – да сазна истину о вађењу људских органа у Башкимовој болници и да, колико је могуће, помогне Малом, а онда казни злотворе.

Међутим, до испуњења његовог циља остало је још свега 47 дана, а он још увек није открио шта се све у болници дешава. Бројао је те дане као војник пред крај војног рока. Надао се да ће до краја сазнати макар део истине, који ће му бити довољно јако оправдање да уради оно што је наумио.

Док је доктор Томан био забринут због брзог проласка времена, Ета се томе радовала. Свако је имао свој циљ и план, а да то овај други није знао. Дубоко негде они су ипак били на две различите стране, и циљ им је био непомирљив.

И поред тога, докторка Ета и доктор Томан су се истински спријатељили. Деловали су и слагали се баш као да су у правој вези. Ета се и надала да ће се она остварити када прође ових 40 и неколико дана, а касније ће размислити шта ће.

Доктор Томан је био скоро сигуран да ће на време сазнати све што га је интересовало, и омогућити му да оствари свој план.

Етина лепота никога није остављала равнодушним. Млади доктори су могли једино да је мазе својим погледима. Да јој приђу ни помислити нису смели, јер су знали да би завршили код „великог брата", господина Башкима. У одређеним случајевима то би значило и сигурну смрт. Зато су се сви уздржавали од било каквог комплимента, коментара, а камоли од нечег храбријег или конкретнијег.

Све је било под контролом.

Доктор Томан није дозвољавао Ети да му приђе ближе, а истовремено му је сметало, ако га напусти макар и на пет минута. Прелепу докторку је такво његово понашање збуњивало и помало забрињавало, али то ничим није показивала. Одлучила је да сачека својих „пет минута" (а можда и дуже).

Сматрала је да ће се доктор Томан држати договора који су њих двоје постигли, и зато није хтела било шта да га пита, нити да предлаже. Преостало јој је једино да чека и да буде стрпљива. Зато се у потпуности предала задацима које је добијала од доктора Томана и трудила се да у односу на њега у свему буде умерена.

Била је недеља када је доктору Томану и докторки Ети јављено да морају да оду до болнице. Господин Башким им је поручио да треба хитно да се „обради" један „пацијент".

„Специјализанти" доктора Томана већ су били тамо. Сестра Рафка, главна медицинска сестра, у суботу је од доктора тражила слободан дан. Надајући се да те недеље неће бити посла, као што није било ни у претходне две, доктор јој је одобрио. Међутим, операција без ње није могла да се ради, а са другог
одељења нису смели да „позајме" медицинску сестру, јер тим којим је руководио господин Башким, односно доктор Томан и докторка Ета, прошао је посебне

стручне и остале безбедносне провере и као такав био је незамењив.

Доктор Томан је знао да господину Башкиму ни по коју цену не сме да каже како је Рафки дао „слободно" без консултација с њим, и сада се нашао у озбиљном проблему, па је одлучио да он током предстојеће операције ради посао главне медицинске сестре.

Када их је возач довезао до улаза у болницу, доктор Томан је при изласку из џипа угледао хеликоптер који је слетао на игралиште (хелиодром) поред болнице. Док су Томан и Ета улазили у зграду, пилот је већ био угасио мотор хеликоптера и одједном је настала тишина. Она од које се човеку леди срце, тишина која подсећа на смрт и која није могла да се упореди са билом којом другом тишином у људском животу. Тишина од које је болница чијим су ходницима одјекивали једино кораци доктора Томана и докторке Ете, изгледала и деловала језиво.

Обоје су ишли малте не трчећим кораком. Ета је журила као што би и сваки доктор када треба некоме да спаси живот, а Томан зато што није имао другог избора. Морао је да жури, иако му се уопште није журило. Он је био део оне тишине која није имала право гласа. Били су исто - доктор Томан и тишина.

У ординацији су се пресвукли невероватном брзином, а онда одмах отрчали у операциону салу.

„Вађење срца", неко је тихо проговорио испод маске.

„Убијање човека", помислио је доктор Томан.

Истог трена је закључио да је том мишљу ранио само себе, своју душу и своју жељу за животом.

Схватио је да своје мисли мора да задржи за себе, да ћути, јер свака реакција могла би да га кошта живота, који никако није смео да доводи у питање пре него што оствари свој план.

Смрти се доктор Томан није плашио. Напротив, после свега што је доживео у Башкимовој приватној болници, једва је чекао да се сретне с њом, јединим својим спаситељем. Смрт је једина могла да прекине муке које је преживљавао. Плашио се само да не умре, или не буде убијен, пре него што сазна пуну истину о злочину који се догађао у болници, овој Башкимовој у коју је био доведен као врхунски хирург. У том случају не би могао да казни виновнике и оствари свој план.

Само што је ушао у операциону салу, доктор Томан је својим ученицима, младим лекарима, дао знак да почну са операцијом вађења срца, а да ће он, као и у претходним случајевима, бити поред њих и надзирати их. На одређени начин, исказао им је толико неопходно „поверење“.

„У овом случају понашајте се према мени као према сестри Рафки, и захтевајте од мене све што бисте и од ње тражили. Главна сестра је оправдано одсутна“, кратко је образложио.

Пре него што су почели, он је доста опрезно и скоро неприметно подигао зелени чаршав којим се пацијенти прекривају приликом операција. Видео је да ни овај „дародавац“ није био „обрезан“, а имао је више од 30 година.

Сад је доктор Томан био сасвим сигуран да је млади човек који лежи на операционом столу Србин, православне вере. Одакле му та сигурност, то не би могао да објасни, али је знао да га осећај не вара.

„У ову свету недељу коначно сам видео оно што сам хтео, а нисам желео“, помислио је доктор Томан.

Отад више уопште није имао дилему да у приватној

болници господина Башкима у Тирани убијају Србе, само да би им вадили органе и њима трговали. Оценио је да више није било потребе за било каквом даљом провером.

Докторка Ета је приметила да се доктор Томан зноји иако није оперисао пацијента. Обрисала му је зној са лица и наставили су да раде.

Није ишло као обично, вађење срца се овога пута мало закомпликовало и одужило, али је ипак „успешно“ обављено.

Нико није знао чијег, коме је извађено ни коме ће продужити живот. Знали су само да се угасио још један млади живот, онај за кога „господин“ Башким мисли да је само број, 638, без имена и презимена.

Када је један од младих доктора уз помоћ још двојице који су ишли са леве и десне стране, спустио срце у посуду, зачуо се хеликоптер. То је звук који је доктор Томан од самог почетка презрео, јер га је поистовећивао са звуком смрти.

„У овој болници све је наопако. Овде људе убијају уместо да их лече и спасавају. И звук хеликоптера овде значи смрт, а не живот и слободу у плавим висинама“, закључио је доктор Томан.

Одједном му је све постало јасно. Склопио је „мозаик“ од свих операција вађења органа које је обавио у овој криминалној установи, свеједно да ли он лично или млади стажисти под његовом контролом.

До потпуног спровођења плана остало му је још 30 дана. У наредном времену требало је само да прецизира све појединости око кажњавања оних, који су Србима вадили органе и продавали их. За проверу ове чињенице није било више никакве потребе.

Ета је покушавала да орасположи доктора Томана. Приметила је да сваким даном постаје све ћутљивији, тужнији, и да је почео нагло да губи на килажи.

Лепу докторку, повређене сујете или, можда, и мимо њене воље заљубљену у доктора Томана, његово психичко и физичко стање почело је озбиљно да брине. Давала му је то до знања и молила га да нешто предузме, али су њени покушаји остајали без било какве реакције доктора Томана. Каткад јој је само упутио понеки куртоазни осмех, али је она у њему видела само беживотни поглед, и то је било једино што је добијала од доктора Томана.

Наредних неколико дана, на њихово велико изненађење, за доктора Томана и докторку Ету није било посла. Они су, ипак, свакога дана одлазили у болницу. Тамо је био Мали, и знали су да их он очекује. А кад су дошли он је само ћутао и немо гледао у њих. Ета је последњих дана чак одлазила у град да би му купила свеже воће, а чинила је то зато што доктор Томан није имао дозволу да напушта објекте под надзором у оквиру којих се кретао.

Он је тешко подносио већ и саму помисао да нема право на слободу, само зато што је био друге вере. Напори које је у том смислу чинио господин Башким својом љубазношћу, требало је само да му створе привид о томе да ужива пуно поштовање.

Дечак се, и поред посебне пажње и неге коју су му пружали доктор Томан и докторка Ета, слабо опорављао. Као да није хтео да се врати животу и стварности. Очи су му биле стално затворене, па чак и када га је мазила докторка Ета, која је скоро при сваком сусрету са Малим пустила по коју сузу.

Мали је очи отварао само када би осетио руку доктора Томана на свом лицу. Као да су један другог разумели, иако ни речи нису проговорили. Знали су, или осећали, да им је судбина иста. Да их чека смрт, далеко од куће и родног краја.

Остало је још 24 дана да Ета напокон обави задатак који јој је дала Служба, а можда и да испуни своју, али само своју жељу.

Башким убија Србе

У четвртак, у радно време, Ета и Томан су седели у његовој ординацији, а и млади стажисти били су „вољно" јер тога дана у пословном плану за њих није било обавеза. Причали су о обичним стварима пошто је Ета одлично говорила српски, а доктору је то много значило. Знао је да је пореклом са Косова, али је никада није питао о томе. Сматрао је да није важно ко је где рођен, и у складу с тим се и понашао.

Етин телефон је прекинуо њихово необавезно ћаскање. Знала је да је зове „господин" Башким.

„По, по, по, ска прабљем", кратко је одговорила на позив, а онда прекинула везу и окренула се према доктору.

„Имамо ново наређење", рекла је.

„О чему се ради", интересовао се доктор Томан. „Јетра", изговорила је тихо.

„Још једно убиство", било је све што је помислио доктор Томан.

Невољно је рекао Ети да оде до стажиста и објасни им о чему се ради, да се припреме за операцију којој ће и он присуствовати и надзирати њихов рад. Све је ишло као да су програмирани, а не људи са савешћу, чулима, осећањима. Јер, кад су примали наређења „одозго", они су губили сваку самоконтролу. Једноставно, били су пуки извршиоци наређења.

После неколико минута сви су били у операционој сали. Млад човек, не старији од 40 година, већ је био под анестезијом. Спавао је свој последњи сан.

Игла инфузије у вени леве руке била је залепљена фластером као и обично.

Доктор Томан је пожелео да и овог мученика „идентификује" и види да ли је обрезан.

Урадио је то сасвим неприметно, као и увек. Сви у екипи већ одавно су му указали поверење и никада нису ни посумњали да он било шта ради осим што пружа помоћ младим докторима – убицама.

„Шта сам радио, схватиће они који буду преживели", загонетно је размишљао доктор Томан.

И овај „донор" био је још једно његово разочарење. Нити је био повређен, нити је доживео мождану смрт, нити је био обрезан.

По ко зна који пут, доктор Томан се лично, и на лицу места, уверио да у приватној болници господина Башкима убијају Србе.

Док су млади лекари радили на веома комликованом хируршком захвату, доктор Томан је приметио да се фластер, који је придржавао иглу инфузије мало одлепио, и покушао је да га додатно учврсти. У том тренутку заголицала га је сумња – да ли је на руци пацијента видео истетовирана нека позната слова, или му се то само учинило.

Пришао је „донору" као да жели само да провери иглу. Узео је ново, нешто веће парче фластера од оног које се већ одлепило, и као по навици трзнуо је постојеће. Левом руком придржавао је иглу, а десном преко ње залепио ново парче фластера. Радио је то пажљиво, мало спорије, и успео да прочита тетоважу: „ЈНА 28. 09. 1978. Краљево".

Био је то највећи шок који је доктор Томан доживео откад је ушао у ову болницу. На тренутак му се учинило да ће га због кошмара у глави издати ноге, па се благо придржао за операциони сто. Болницу у Тирани доживео је као нови Јасеновац, нову Бањицу, или нови Крагујевац и Топовске шупе.

„Боље је да се ја одмах убијем, него да гледам како крвници убијају моју браћу, моје сународнике, а ја све то беспомоћно гледам“, била је прва докторова мисао.

Док је тонуо у та суморна и злослутна размишљања одједном се сетио да није сам, да има Малог који га чека. Брзо се тргнуо, одагнао зле и кукавичке мисли од себе. Помислио је на своје корене и крајеве који нису рађали кукавице, на своје храбре претке и знао да не сме да прекине традицију.

Нико није приметио шта је доктор Томан урадио скидањем оног фластера, чак ни докторка Ета, а била је као и увек, тик уз њега.

Кад је једна од компликованијих операција завршена, јетра младог Србина спуштена је у посуду за транспорт. Звук хеликоптера, тачан као смрт, поново се зачуо баш у тренутку када је јетра спуштена у посуду из које се никада неће вратити ономе чија је, него ће као скупа „роба“ бити продата некоме ко има велике паре, а Србин ће бити бачен у неку од јама са костима својих предака, као што је она усташка у Јадовном.

Пре него што су пошли кући, Ета и Томан су свратили до блока у коме је лежао Мали. Све је било исто. Тужан поглед у празно, „тамо далеко“ негде, дисање једва приметно. Очи широко отворене, уста као „заливена“. Ета га је дуго и нежно миловала по образима и коси, плакала и покушавала да сакрије сузе.

Томан јој је предложио да се склони и да се смири, јер овако наноси бол и дечаку и себи. Послушала га је.

Онда је Малом пришао доктор и наставио да ради исто што је радила Ета, али што се чинило још нежнијим и брижнијим. Томан је знао да је Мали дете са села, био је некако развијенији од своје генерације. Око усана дечака се била сакупила скрамица која се ствара када деца имају температуру, када дуго леже и не умивају се. Нежно је то брисао доктор Томан, својим прстима, али када је покушао да га обрише целом шаком, учинило му се као да га је Мали пољубио.

Укочио се од неког осећања које до тада није познавао. Није померао руку са уста дечака, држао је онако нежно, да би дете могло да дише. Надао се да му се само чинило да му је Мали пољубио руку.

Док је размишљао ко је дечак кога мази, Мали га је пољубио још два пута. Доктора Томана је то узбудило до бола, толиког да је почео да јеца. Кад је поново погледао Малог, он је већ затворио очи и утонуо у неки свој свет, из кога није хтео да се врати. Ваљда је тамо заувек дошао међу своје...

Ета је била затечена. Никада раније доктора Томана није видела тако сломљеног. У једном тренутку се уплашила да ће доктор изгубити свест, па је позвала помоћ. Томану су дали ињекцију за смирење због које је Ета одлучила да те ноћи не иду кући, него да преспавају у болничкој соби.

Под дејством ињекције доктор Томан је спавао, а Ета је мотрила на њега. Није га испуштала из вида, јер се озбиљно уплашила за његов живот.

То вече она ће памтити целога живота. Баш тада је доктора Томана упознала боље, видела да се иза његовог наоко грубог лица крије непоправљиво емотиван човек.

Иако су освануле у болничким креветима, чинило се да су и Ета и Томан одморни. Сунцем обасјано јутро било је лепо за све, осим за Малога, „донора" и доктора Томана. За докторку Ету – можда!

Доктор, још док је био у јутарњем бунилу од повећане дозе средстава за умирење, затворених очију размишљао је о Маломе. Питао се - зашто га је пољубио у руку, и зашто га је пољубио баш трипут. Одговор није имао од кога да добије, па се задовољио својим наслућивањем.

„Мали је дете са села, Србин православне вере научен да се у руку љубе само поп и доктор, а то што га је пољубио три пута, хтео је да стави доктору до знања да је православне вере. Ваљда је хтео да ми се на нечему захвали и да ми до знања ко је и одакле", шапутао је себи у браду, онако затворених очију, доктор Томан.

Убрзо после тога обоје су устали, као и свако јутро када иду на посао. На њима је већ била болничка униформа, јер су у њој и заспали. Пошто су се умили, договорили су се да оду свако до своје ординације, како би се мало консолидовали и дошли себи, јер је за њима био ужасно тежак дан.

Самовање није трајало дуго, али их нико није позивао. „Нико није хтео да купи српско срце, српску јетру, српски бубрег или плућа", помислио је цинично и са огромном жељом за осветом доктор Томан.

Погледали су се он и докторка Ета, и знали да су исто помислили.

Пошто немају посла било би добро да оду и погледају шта ради Мали, њихов Мали, а Башкимов број 555.

Као по команди, устали су, упутили се доста ужурбаним кораком ка соби у којој је Мали лежао. Ета је отворила врата собе на дечјем одељењу. Зауставила се као да се скаменила. Није хтела да уђе, али ни да изађе. Окренула се на тренутак, према доктору, погледала га и поново се окренула према кревету Малог.

Доктор је покушао да уђе, али докторка Ета му није дозволила, гурнула га је доста снажно руком, према ходнику.

„Шта се дешава", питао је већ потпуно узбуђен доктор Томан.

Ета му ништа није одговорила, као да је занемела. Само је спустила главу да Томан не види очајнички израз њеног лица. Стајала је као укопана на истом месту, и без жеље да се одатле помери.

Доктор Томан ју је ухватио чврсто за руку, склонио је са врата и кренуо да уђе у собу. Како је закорачио и он се скаменио. Тога тренутка добио је одговор на питање зашто га је Мали пољубио у руку.

„Зато што је хтео да се поздрави са мном", био је уверен доктор Томан, и чежњиво гледао у празан кревет његовог миљеника с којег је скинута постељина. Био је то поуздан знак да је дечак некуда одведен, или да је преминуо.

У овој болници њих двоје то нису могли да провере. Таква питања су била забрањена, али и да нису, у болници није било никога кога би могли да питају. Ходницима је лебдела само она потмула тишина живота или смрти која је овде била једини излаз и „спас".

„Кад ли ће поново да се зачује звук смрти", питао се доктор Томан, имајући на уму злослутни хеликоптер. Окренуо се као да није ни примећивао Ету, и као да нису дошли заједно, и кренуо према својој ординацији.

Није плакао, није показивао никакву нервозу.

Ету је забринуо тај његов невероватни мир.

Деловао је опуштено, као да није изгубио једино биће с којим је у болници смрти, у непријатељској земљи остварио истинску блискост, иако без изговорене речи. Ходао је споро, високо уздигнуте главе и са рукама прекрштеним на леђима, као некад у Приштини,

Доктор Томан је сада већ био сигуран да је сазнао све што је било неопходно за остварење његовог плана. И да је дошло време да се изврше и последње припреме за задатак који очекује од „господина" Башкима. За то је, најпре, морао да поврати Етино поверење које је, после свега, било озбиљно уздрмано.

Стигли су у докторову ординацију и сели као и обично. Томан није чекао да лепа докторка теши њега, већ ју је ухватио за руку и рекао .

„Тако је то у животу, не зна се шта носи дан, а шта ноћ".

Она је само климнула главом, стегла му руку и опет заплакала.

Доктор Томан ју је пољубио у образ и замолио да донесе кафу и сок за њих двоје.

Она као да је једва чекала, одмах је устала и ухватила се за кваку излазних врата.

„Донеси и литар хладне воде", замолио је.

Сада је она већ била сигурна да је Томан „њен".

У касно послеподне отишли су у стан и наставили са дружењем. Да би одагнали тугу за Малим, водили су необавезан разговор, причали о обичним људским проблемима, али и задовољствима.

Била је то нова Томанова тактика. Да заговара Ету, да је опусти и скрене јој мисли, а он за то време заврши све послове и припреме пре „оног" рока који је дао сам себи, а који истиче за нешто више од 20 дана.

Страдање дечака Наима

Ета ништа није наслућивала. Томан се наредних дана понашао сасвим нормално. Ишли су заједно на посао, радили послове које су дневно добијали у задатак. У тих неколико дана није било операција, али су имали „госте" из лабораторије који су, опет „донорима" без имена, само са бројевима 891, 925, 942 и 976, вадили крв.

Доктору Томану није промакао податак да су сви „дародавци" имали исту крвну групу, нулту крвну групу. Међутим, тога момента његову пажњу више је заокупљала чињеница да сви они, без обзира што им је узета велика количина крви, имају шансу да преживе.

„Повратиће се они, треба само да им дају мало јачу храну и пусте их да се одморе", закључио је доктор.

Мислећи да ће његове претпоставке бити остварене, Томан се охрабрио, а и обрадовао што је Ета била видно расположенија, него само неколико дана раније. Све је то допринело да се, први пут од одласка Малога, у болници осећао нешто пријатније него обично.

По већ устаљеном неписаном правилу, које је тајно установио доктор Томан, увече су он и Ета поново спавали у његовом стану, али свако у својој постељи и у засебним собама.

Иако је схватила да Томан не одустаје од својих принципа, Ета је и ове вечери желела да пробуди његову мушкост и, као и обично, смислила разлог да уђе у његову собу. И овога пута то је било подсећање на „оно" што треба да се деси ускоро.

Села је на његов кревет, причала му догађаје из младалачких дана који су га неизоставно подсећали на родно Косово, и нежно га додиривала по телу прекривеном танким чаршафом.

У некој другој прилици Томан сигурно не би могао да одоли изазовима којима га је несебично обасипала. Сада, и ту где се нашао, он се уздржавао од било каквих осећања према прелепој колегиници. Сву своју пажњу усмерио је на „дан Д“, који је очекивао са великим нестрпљењем.

Ета је и даље пребацивала ногу преко ноге, чекајући да Томан то примети. А када ни тиме није успела да га намами, пуштала је да јој свилени огртач склизне низ бутине и открије их све до доњег веша, ако га је уопште и носила.

И своје груди невешто је истурала према Томановом лепо грађеном мушком попрсју. Њене жеље су биле јасне доктору Томану и знао је да све што она покушава је налог Службе која је све то и контролисала.

Употребила је све своје женске атрибуте да заведе Томана, али он није одговарао њеним изазовима.

У тренутку је схватио да би то Ету, као и сваку нормалну, лепу и здраву жену могло да повреди, па и наљути, и одмах је почео да се правда датом речју својој жени, о чему јој је причао када су одлучивали да постигну „интерни“ договор.

Недуго после тога доктор је заспао, а Ета тихо устала са његовог кревета, и затворила се у своју собу. Само Бог зна како се осећала та прелепа млада жена док је безуспешно покушавала да испуни обећање дато Служби, и да освоји мушкарца који ју је неодољиво привлачио.

Ништа није указивало да ће следеће јутро почети бурно и необично.

Свануло је обасјано сунцем и лепше од прошлог јутра. Томан је увелико био будан, али није устајао из кревета.

Иако се приближавало уобичајено време устајања, Ета је још увек непомично лежала у свом кревету. Вероватно је тек пре свануђа била опхрвана сном који јој није долазио на очи, одагнаван целоноћним неспокојем одбијене жене.

Пре него што је зазвонио аларм који ју је позивао на посао, Ету је пробудио телефон.

Дуго је звонио док се докторка није пробудила и јавила, намерно отежући, не би ли онога ко је звао упозорила на дрскост звања у недоба.

Учинило се да је телефон испустила из руке и пре него што га је узела. Обукла се у трену и без иједне једине речи упућене доктору Томану у знак објашњења, истрчала из стана. Он је чуо само њене кораке.

„Шта ли се десило Ети, није се ни умила а отишла је. Мора да је нешто озбиљно у питању“, помислио је доктор Томан.

Он је, као и сваког јутра, устао око 6.30, спремио се до седам часова и кренуо.

Возач је већ био испред улаза у зграду у оквиру кампа. Ни овога јутра, као и ниједног пре, нису проговорили ни речи на путу до болнице. Доктор је веровао да је човеку који га је возио свакога јутра на посао такво понашање „прописано“.

Кад је ушао у болницу, доктор Томан је знао да су стажисти спремни, као и остатак екипе коју су чинили анестезиолог, медицинска сестра, инструментарка и чистачица.

Пред њима је био нови радни дан, нимало лак.

Доктор Томан је знао све шта га чека, само му није било јасно који ће „број“ стићи, и коме ће хеликоптер однети живот који је претходно некоме ишчупан, одузет без икаквог разлога.

Док је тако тонуо у своје тешке и тужне мисли у његову ординацију буквално је улетела Ета. Била је уплакана и избезумљена.

Доктор Томан је у њеним уплаканим очима видео неку неиздрживу тугу, која ју је изненада сломила и бацила на колена.

У тренутку је помислио да је пред њим нека друга жена, ни налика Ети која је сада плакала, уместо шминке имала дубоке подочњаке, тресла се и причала неповезано. Схватио је да је најбоље да је ништа не пита, већ јој дозволи да се умири и сама исприча шта ју је бацило у очај.

Али Ета није могла да се умири, имала је потребу да што пре своју тугу подели са доктором Томаном.

„Мој братанац страдао је ноћас у саобраћајној несрећи, док је претрчавао магистралу. Ударила су га кола и у веома тешком је стању“, једва је изговорила Ета.

Онда је мало застала да би скупила снагу и сконцентрисала се на оно о чему је желела да обавести доктора Томана.

„Мој брат ради у Немачкој, а ја бринем о његовом сину откад је отишао у иностранство, јер га је тада напустила жена. Наим је имао само три године када је остао код мене“, причала је Ета сломљена од бола и туге.

Сада се доктор Томан трудио да њу смири, као што је она пре само неколико дана умиривала њега, када је схватио да је одведен Мали.

„Колико је стар дечак ?“, питао је доктор.

„Девет година“, изговорила је Ета истог момента, као да је желела да сугерише доктору да ће сигурно преживети, ако борба зе његов живот почне одмах.

„Девет година, па он је вршњак Малога“, скоро да је узвикнуо доктор Томан.

Ета је само климнула главом у знак одобравања.

У том тренутку дежурна екипа са пријемног одељења јурила је ходником гурајући колица са повређеним дечаком. Био је сав крвав. Имао је отворене преломе, али је давао знаке живота.

Доктор Томан је наредио да га одмах одвезу у операциону салу.

Онда се вратио до ординације, ни сам није знао зашто, а докторка Ета је ушла за њим.

Затворила је врата и клекла. Замолила је доктора Томана да учини све што може, не би ли спасао њеног братанца, и обећала да ће му се одужити.

Доктор Томан је увек у животу био озбиљан и приземан. Никада није давао обећања ако није био сигуран да их не може испунити.

„На основу онога што сам видео, дечакове шансе су веома мале“, био је искрен доктор Томан, иако је знао да ће то што је изговорио за Ету бити нови, велики „ударац“.

Она је поново клекла и молила Бога, на српском и албанском језику, а доктора Томана преклињала да пожуре.

Одмах су отишли у операциону салу. Поред дечака доктора су већ чекали његови ученици, млади лекари. Рефлектори су били упаљени. И голим оком се видело да је дечак све теже и успореније дисао.

„Нико да га није дотакао", хистерично је викнула Ета када је видела да су се око дечака распоредили стажисти.

„Њега ће радити лично доктор Томан, јасно", додала је одсечно.

Сви су сагнули главе, дајући до знања да су чули њену заповест.

Већ следећег тренутка направили су места да доктор Томан може да приђе операционом столу.

За њега је ова ситуација била као и хиљаде других у којима се једнако борио да спаси људски живот, али је негде у подсвести имао додатни притисак јер је у питању био Етин братанац, па још деветогодишњи дечак.

Мали пацијент заиста је био животно угрожен, и доктор је био у ситуацији да покаже све шта зна, може и уме.

Инструменти у његовим рукама су се смењивали филмском брзином. Доктор се толико знојио да су Ета и још једна медицинска сестра само брисале зној са његовог чела. Цела екипа је једва успевала да га опслужи. Сличну борбу водио је безброј пута и за животе Албанаца у Приштини, никада није правио разлику.

Дечак је крварио на све стране.

Спортисти би рекли да је доктор Томан тек сада био на „свом терену".

Повезали су дечака на све могуће апарате - за дисање, за контролу срца, за контролу свега што је могло да се контролише уз помоћ апарата.

Доктор је учинио све што је могао да дечаку спаси живот.

Кад је завршио хируршку интервенцију, колегиници Ети је испод маске упутио оптимистички поглед.

Она је то приметила и лице јој се озарило неком позитивном енергијом.

Борба је трајала дуже од четири сата и четрдесет минута. Иако су сви били на измаку снаге, нико није смео да се помери док знак за то није дао доктор Томан.

Он се осећао задовољним, надао се и веровао у оно што је урадио, веровао је да је спасио још један људски живот.

Пружио је руке према Ети, и она је схватила да треба да му скине рукавице, иако је то посао медицинске сестре. Доктор Томан је желео да то уради баш она, како би јој и на тај начин, у ситуацији која је за њу била веома тешка, пружио доказ своје привржености.

Ети је то много значило.

Док су ишли према соби, доктор је питао Ету како се зове дечак.

„Наим“, рекла му је и опет се расплакала.

Соба која је била одређена за Наима налазила се у близини докторских ординација. То је, уствари, био апартман са два лежаја. Један за пацијента, а други је био предвиђен за члана породице у случају да изрази жељу да стално буде поред пацијента.

Доктора је, међутим, некако неугодно изненадило присуство великог броја униформисаних и полицајаца у цивилу који су били распоређени по ходницима. Двојица су стајала поред врата собе у коју је требало сваког момента да донесу малог Наима.

„Чему све ово, шта се овде дешава“, тихо је питао Ету.

Она је само одмахнула главом и обећала да ће му објаснити другом приликом.

„Ово нема везе са тобом“, имала је потребу да му накнадно каже.

У том тренутку на болничком кревету су довезли дечака и сместили га у собу број 01.

„У овом случају соба има број, а пацијент има име и презиме“, помислио је Томан.

У картону је писало Наим Цахани.

Кроз главу му је на брзину прошла слика свих који су прошли кроз ову болницу, а нису добили собу, и нису имали ни име ни презиме, него само број. Сада је већ сто посто био сигуран да су сви они били Срби.

То га је јако уздрмало, али се сетио да мора да буде потпуно присебан.

Као што је и претпостављао, Ета је остала да чува Наима. Да би јој показао колико је поштује, и колико му је због тога стало да све што може учини за Наима, Томан јој је саопштио да ће те ноћи и он остати у болници.

„Ноћас не идем кући, ту ћу да спавам, па ако ти нешто затреба ти ме слободно пробуди“, рекао јој је доктор.

Ета га је у знак захвалности јако стегла за руку.

Изашла је из његове ординације, и поред униформисаних полицајаца који су је поздрављали на начин како се поздрављају само старешине, прошла је до Наимове собе.

Доктор Томан је остао у чуду када је схватио да Ета и полицајци нису незнанци, али ни једним гестом није показао своје изненађење. Окренуо се само и вратио се у своју ординацију.

Ета је целу ту ноћ пробдела ослушкујући да ли Наим дише, је ли све у реду са инфузијом, помера ли се. Није хтела ништа да препусти случају.

Легла је тек када је доктор Томан са својом екипом дошао у визиту. Одавно то није радио, узимао картон болесника, читао име и презиме онога кога лечи. Де-ловао је као да се, бар на тренутак, вратио на своје радно место у Приштину и да су, макар и на кратко, престале све његове муке.

Кланица, не болница

Oзарен сећањем на своју Приштину, Томан је Ети предложио да се мало одмори, јер изгледа прилично исцрпљено и неиспавано.

„Ти ништа не брини, ја ћу бити ту, ако било шта буде требало твом малом дечаку. Пазићу га исто као Малога".

Онда је застао, као да се угризао за језик, и у себи додао: „који је волшебно нестао, без трага и гласа".

После тога, Ета се потпуно опустила и брзо заспала, знајући да Наима оставља у добрим рукама. Још увек неостварена професионална и лична амбиција према Томану, стрес који је доживела због братанца, хронично неспавање и брига како ће да се заврше све њене обавезе, у потпуности су је исцрпели. Спавала је као мала беба.

Дуго је доктор са благим осмехом на лицу посматрао Ету док је спавала поред дечака, Наима Цаханија кога је у живот вратио управо он, лично, уз Божју помоћ.

Ни наредних неколико дана Ета и Томан нису ишли да ноће у стану. У потпуности су се предали ослушкивању малог пацијента. Ета није хтела да остави Наима, а Томан ни Ету, ни њеног братанца.

Некако у исто то време доктор је констатовао да је Наим изашао из животне кризе, и чак био сигуран да је она у потпуности прошла. О последицама је, свакако, још било рано да се говори, али најважније је било да је дечаков живот био спашен.

Доктор Томан је био срећан што је испунио животну жељу своје колегинице, докторке Ете, а притом и своју, и да је све што је учинио било у потпуном складу са Хипократовом заклетвом.

Једино што је још озбиљно бринуло доктора, било је питање како ће за петнаестак дана да испуни завет који је дао пред Богом. Хоће ли успети да оствари свој план и казни човека на врху пирамиде злочиначког гнезда, „господина" Башкима. Господара живота и смрти у установи коју зову приватном болницом уместо људском кланицом.

Бринуло је доктора што је знао да до Башкима није било лако доћи, јер у то се већ сам уверио.

За време у коме се дечак Наим опорављао, Ета је приметно смршала, толико да је изгубила заводљиве облине које су, и поред строгог уздржавања, западале за мушко око доктора Томана.

Он се трудио да у међувремену извршава сва наређења која су стизала од „господина" Башкима. И што се више приближавао дан остварења његовог животног циља, био је све нестрпљивији да коначно прекрати себи муке.

Није му остало још много времена, тек нешто више од десет дана. Колико год се трудио да остане сабран, чинило му се да га је хватала све већа паника. Плашио се шта ће да ради ако не успе, јер у том случају његове муке би се наставиле и вероватно биле још веће, а морао би да испуни и обећање дато Ети. Јер, он је био човек са интегритетом, и не би могао да се одрекне договора на који је пристао, иако није желео. А био је сасвим сигуран да не жели, јер знао је да је Ета жена Службе, која је одлучила да ликвидира Србина Томана као што је убијала и небројене друге Србе. Ма колико била пожељна, ова чињеница била је главна препрека да се Ети преда свим својим бићем.

Шест дана од операције Ета је приметила као да њен Наим долази себи. Претпостављала је да ће се истога дана и пробудити.

С радошћу је о томе обавестила и доктора. Он је такође оценио да је дечак близу повратка пуној свести и изразио жељу да сутрадан, пошто се то деси, радост поделе утроје, ту у Наимовој болничкој соби.

Чекали су тај тренутак од јутра. Дечак је, међутим, очи отворио тек када је сунце прешло са друге стране болничке зграде и сунчани зраци обасјали његову постељу.

Погледао је прво у доктора, па тек потом у Ету.

И кроз завоје се видео сјај у очима којима је дуго, и без речи, посматрао драго лице.

„Нона име“, прозборио је одједном на албанском језику, али то што је рекао разумео је и доктор Томан. Правио се као да није чуо, иако је речима „мајко моја“ Наим само потврдио оно што је доктор Томан одавно претпостављао – да је Ета његова мајка.

Веровао је у то још од тренутка када га је преклињала да спаси дечаку живот, а сећао се и како је горко плакала за Малим кад су им га „украли“.

„Само мајка може да буде овако мека на сузу“, мислио је тада Томан, а да није имао никакве потврде о томе да ли је Ета рађала или није.

Томан, дакле, уопште није био изненађен када је Наим изговорио „мајко моја“, али се не би могло рећи да му испуњење његове претпоставке није ништа значило.

Значило му је утолико што је разумео да га је Ета слагала, а он мислио да није било потребе да га лаже, поготово да од њега крије сина.

Схватио је да сада више не може да зна шта је истина, а шта лаж од толико тога шта му је причала. И што је много важније од тога, да убудуће не може да јој верује.

Те вечери су одлучили да оду до стана. Полиција је и даље бринула о Наимовој безбедности, а млади лекари о његовом здравственом стању из минута у минут.

„Знам да си разумео шта ми је рекао Наим, и претпостављам да си љут“, после дужег ћутања обратила се Ета Томану сасвим мирним гласом, док су се возили од болнице према „кући“.

„Разумео јесам, али немам разлога да будем љут“, није баш био искрен Томан.

А онда је „заголицао“ својим предлогом:

„Уколико си се ти предомислила у вези нашег договора, с обзиром да идуће недеље истиче рок мојој задатој речи, реци ми слободно, нећу ти замерити“!

„Не, једва чекам“ изговорила је Ета весело, и насмешила се први пут после седам дана паклене неизвесности хоће ли њен син преживети последице тешке саобраћајне несреће.

Спонтани разговор наставили су и у стану, уз вечеру коју је Ета на брзину спремила.

„Не знам како ћу да ти се захвалим што си ми спасио сина“, питала је млада жена, поново заблистала лепотом од среће што је Наим жив.

„Он је сада и моје дете, нема потребе да ми се захваљујеш. Сваког пацијента коме сам спасио живот сматрам својим дететом, па и твог Наима“, жустрим гласом јој је објаснио Томан.

И само што је то изговорио, пало му је на памет да би Ета могла да оде код „господина“ Башкима.

„Кад ме већ питаш шта би могла да урадиш за мене, замолио бих те да одеш до шефа и пренеш му да ми се пије шљивовица. Ништа друго“, помало шеретски је рекао Томан.

„Ја сам већ планирала да одем до њега, али шта ћу да му кажем, о томе ја одлучујем. Шљивовице ће сигурно бити“, спремно је сасула Ета, као из пушке.

Задовољни су отишли на спавање, још увек одвојени, али не задуго, надала се Ета.

Како се приближавао дан остварења плана доктора Томана, часног и поштеног човека, Србина из Приштине, тако се интензитет посла у болници у Тирани повећавао. Поново је било по две до три „операције“ у истом дану. И опет је злогласни звук хеликоптера, који је понекад деловао као огроман, маларични комарац, слетањем на игралиште поред болнице доносио смрт. Доктору Томану је то постајало све неподношљивије. Тим младих лекара ослободио га је огромног дела посла, али је то за њега значило само физичко неумарање. Психички је свакога дана био све уморнији.

Мали болесник Наим се полако опорављао, што се дало претпоставити и по његовој мами, докторки Ети. Сада је поново засијала неким новим сјајем, а њена лепота добила необичну продуховљеност. Бивала је и све расположенија. Осмех на њеном лицу значио је несаницу за све мушкарце којима је био упућен. Била је то, сада, она „стара“, лепа Ета.

Први слободни тренутак она је искористила да оде код „господина“ Башкима. У четрдесетак минута колико се задржала у његовом кабинету, детаљно му је испричала колико се доктор Томан ангажовао да спаси живот њеном сину. Није штедела речи хвале за свог колегу из Србије, али ни за „господина“ Башкима захваљујући коме је доктор Томан дошао у болницу у Тирани.

„Да није било њега, Наим не би преживео“, рекла је Ета свом шефу, желећи да му стави до знања да би му на неки начин требало одати захвалност и признање.

„Не смемо заборавити да је доктор Томан спасио једног младог Албанца, који сутра може да буде и војник", смишљено је и помало патетично „сервирала" Ета Башкиму, скоро уносећи му се у лице како би добро запамтио шта му је рекла.

Башким је био човек који је тада, са места на ком се налазио, могао све. Могао је и да ослободи доктора Томана, да је хтео. Јер доктор је већ младе лекаре апсолутно, иако против своје воље, обучио и оспособио да и сами могу да обављају компликоване хируршке захвате, без његове помоћи и контроле. Али Башким није хтео да ослободи доктора Томана. Разлог је јасан. „Само мртва уста не говоре", старо је правило којег се придржавају све тајне службе света, па и албански Сигурими.

„Шта ти предлажеш, како да му се захвалимо? Само реци", учтиво је питао Ету, желећи да јој удовољи у намери, и сам вољан да учини нешто човеку који јој је спасио сина.

„Он је скроман човек, а колико сам могла да схватим, није ни много захтеван. Нећете ми веровати, пре пар дана ми је рекао да има жељу да попије добру ракију шљивовицу, а то имате само ви. Када бисте хтели да га примите, да са њим попијете по пиће, њему би то више значило од било ког другог начина захвалности", рекла је Ета на начин који је више личио на молбу него на предлог или захтев. Таква је била Ета у приватном животу.

„У реду, сутра летим за Женеву, тамо имам неколико дана посла. Наредићу секретарици Шпреси да све припреми, рећићу јој да спреми и мезе, да испоштујемо тог

човека како треба. Својим знањем и професионал-
ношћу, он је много помогао и нама", сложио се Баш-
ким.

Ета је устала и, док су јој ноге и глас истовремено
подрхтавали, питала је за тачан датум и време.

„Нека то буде следећи петак у 17 часова, може ли
тако?, питао је „велики брат".

Ета је схватила да је то само дан пре него што ће она
„добити" Томана, и као мушкарца и као главну мету
коју јој је одредила њена Служба.

„У реду, пренећу доктору вашу поруку", радосно је
одговорила Ета, нестрпљива да што пре јави Томану
добре вести.

Пре него што је кренула, „господин" Башким јој је
упутио провокативан осмех и посматрао је баш мушки,
од главе до пете, милујући њене облине погледом који
се најдуже задржао на Етиним бедрима.

„За доктора Томана ће изненађење које ћу му при-
редити, сигурно, бити пријатно. Очекујем, млада дамо,
да ћете се после тога потрудити да и ви лично, исто
тако пријатно, мене изненадите", рекао је.

„Са задовољством", одважно је одговорила Ета, по-
љубила га у образ и отрчала једва чекајући да стигне
до клинике и Томану саопшти новости.

Журила је да каже доктору, Србину, шта га чека у
идући петак, само дан пре него што ће њих двоје кру-
нисати своју платонску љубав.

Све му је то испричала с ногу, у једном даху, држећи
га за обе руке док му је „подносила рапорт".

Доктор Томан је одглумио срећу, пољубио је у образ
и рекао да и он једва чека да се све то што је обећао њој
али и себи, већ једном догоди.

Ета је имала план да доктору Томану исприча све о томе шта се дешава у овој болници, али дан после њихове „прве брачне ноћи“. Била је уверена да би он све то могао да разуме.

„Служба је Служба, Томан сигурно зна да с њом не могу да се играм“, помислила је.

Није ни слутила да он већ све зна, да је склопио коцкице тог злочиначког удружења које га је и киднаповало. Није знала да ће право изненађење доживети и преживети само она.

Све је добро разумео.

„Дошло је време да се ураде последње припреме“, размишљао је доктор Томан.

Прво шта је морао да уради, било је да у његову ординације донесе скалпел, најдужи скалпел, и тубу обичног фластера.

Размишљао је како то да изведе, јер ако би га неко у постојећим околностима открио, то би значило његову неизбежну ликвидацију. Знао је да право на грешку нема.

Док је изувао чарапе, припремајући се за одлазак „кући“, то јест у онај камп за обуку терориста, приметио је жуљеве на малом прсту и леве и десне ноге.

Одједном му се „упалила сијалица“, па се обратио Ети:

„Ја сам навикао да повремено сечем сам жуљеве са ногу, са прстију. Овде то не могу, немам право да поседујем ништа чиме бих могао да угрозим свој живот - ни жилет, ни нож, нити скалпел, ни било шта друго“, пожалио се Ети.

„Само ми реци шта ти треба, остало је моја брига“, самоуверено и заштитнички је нагласила Ета.

„Треба ми скалпел, већи, са њим сам навикао то да радим, треба ми туба фластера и мало јода, и тропроцентног хидрогена за испирање рана, ако мало претерам“, прецизирао је доктор Томан.

„То ћу ти све сутра донети у ординацију, да се сада не бих враћала у операциону салу, а не знам ни да ли је инструментарка отишла. Она све закључа, знаш каква је“, објаснила му је Ета.

Доктор се захвалио својој колегиници на бризи, а онда су се пресвукли у намери да крену „кући“.

На путу до излаза из болнице, скренули су до собе у којој је лежао Наим. Кад су га прегледали, поздравили су се са њим и са полицајцима који су седели испред дечакове собе и отишли до возила које их је чекало испред болнице.

„Да је мене овако чекало возило испред болнице у Приштини онога дана када су ме киднаповали, ја бих сада био кући“ размишљао је Томан тога дана, први пут откада је у заточеништву.

Дан није био толико тежак, а Ета и Томан су остатак провели као и обично.

Свако је имао своју тајну, циљ који оправдава средства. Наредних неколико дана на послу су били уобичајени. Млади лекари, убице, у међувремену су извадили још два бубрега, једно плућно крило и неколико литара људске, српске крви. Звук хеликоптера као да се поздрављао са доктором Томаном, био је гласнији него икада.

Ета је бивала све лепша и срећнија, то није крила ни од сина Наима.

Шпреса је звала Ету и кратко је обавестила да је све шта је наредио господин Башким већ спремно.

„Само да вас подсетим да је састанак прекосутра у 17 часова", прецизирала је Шпреса.

Ета јој се срдачно захвалила.

Све је то пренела доктору док му је предавала оно шта је он тражио од ње -„да исече жуљеве".

Захвалио јој се и одмах у њеном присуству почео то да ради, плашећи се да Ета на крају не посумња у њега.

Брзо је исекао жуљеве, испрао је све хидрогеном иако није било потребе и на крају очистио и скалпел.

Узео је фластер и залепио преко места које је третирао. Мали прсти су деловали као рањеници.

Све оно шта му је донела, заједно са скалпелом, умотао је у чисту платнену салевету и пружио јој.

„Ево, врати то тамо где си узела, и много ти хвала", нагласио је.

Паклени план за спасење

Ета је само одмахнула главом и рекла му да то стави негде у ормар, да има, ако му поново затреба.

Доктор Томан је то, најискреније, и очекивао.

Остало је само још да измисли како да остане сам у ординацији, да изврши последњу припрему. Дуго је размишљао и на крају је нашао победничку формулу.

„Знаш шта, Ета, ми прекосутра радимо, а ја поподне идем код господина Башкима“, подсетио ју је.

Ћутала је и гледала га, и слушала шта прича.

„Дан након тога ти и ја имамо наш срећан дан. Волео бих да имам нови веш, не овај болнички, и нове пешкире веселих боја, уместо ових које нам доносе у стан. Немам право да напуштам објекте, ти то знаш, па би могла до града данас, да све то купиш, опереш и осушиш. Да буде све опеглано за наш дан“, биле су последње докторове инструкције Ети, изговорене нежним гласом.

Климнула је главом у знак слагања и замолила га да, пре тога, оду до Наима, провере у каквом је стању, па да и њега нечим обрадује када већ одлази у куповину.

И то су завршили.

Наиму је сваког дана бивало све боље, тражио је само неке видео игрице и ништа друго.

Ета се спремила за излазак у град. Изашла је из болнице заједно са Томаном, али је села у возило чијег је возача посебно позвала, џип са дипломатским таблицама у коме су били још двојица људи у цивилу. Када је угледао докторку Ету, човек са предњег седишта је истрчао и љубазно јој отворио врата.

Томан је, као и увек, отишао са својим возачем. Док су се приближавали кампу размишљао је да ли је ординација, можда, под видео надзором, и да ли су камере забележиле да је из службене просторије понео са собом скалпел и фластер.

За стан је знао да је „покривен" видео надзором, али је веровао да ту има шансу да све што је наумио одради испод јоргана.

Сетио се да је скалпел од челика, веома гладак, и да би лако могао да му склизне из руке, због чега би дршку морао да увије у фластер.

„Ако тако урадим, нема силе која ће моћи да ми га ишчупа из руке када будем морао да га употребим", припремао се и храбрио доктор Томан за оно што је требало да се деси прекосутра.

Кад је ушао у стан, сако у коме је био скалпел и фластер бацио је преко кревета. Онда се и он бацио на кревет, као да је много уморан. Пажљиво је руку увукао у цеп сакоа, извадио скалпел и фластер, и неприметно их гурнуо под јорган.

После десетак минута отишао је под туш да се освежи, а онда се вратио у кревет и покрио јорганом преко главе.

Крајичак јоргана подигао је ногом да би имао светлости, а онда је фластером почео да обмотава дршку скалпела, све док цео фластер није потрошио.

Деловало је као да мастурбира. Узео је скалпел у десну руку и стиснуо га.

„То је оно право", задовољно је прокометарисао.

Окренуо се и задремао.

Убрзо се смрачило, он је полако скалпелом поцепао душек, само толико да скалпел може да прође. То је био и највећи ризик. Знао је да сваког јутра спремачице улазе. Чисте, перу купатило, мењају пешкире али и постељину.

Ета је дошла касно, он је увелико спавао, није хтела да га буди. Желела је да се одмори. Истински је бринула о њему.

Као и сваког дана, доктор Томан је и тог, за њега али и за још некога, суђег дана, устао у 6.30, иако се пробудио много раније.

Овог јутра је он први ушао у купатило. Срећивао се дуго. Ета је претпостављала да је то зато што има састанак са господином Башкимом, а потајно се надала да је то и због ње.

Свануо је последњи дан „великог поста“.

„Још само сутра, па ћу у потпуности испунити своју обавезу према Служби. То ће ми, уједно, бити и шанса да испуним своју жељу, надам се и жељу доктора Томана“, сањала је Ета отворених очију.

Доктор се у купатилу задржао дуже него обично. Био је обријан боље него икада. Зрачио је срећом и позитивном енергијом.

У купатило је после њега ушла Ета. Она је по устаљеном обичају све одрадила у рекордном року. И она је овог јутра била посебно лепа и привлачна.

Томан је размишљао и о варијанти да скалпел понесе са собом на посао, али је знао да то не сме да уради јер када се пресвуку у болничку униформу његову гардеробу наслаже Ета.

„Ако би она то нашла, морала би да ме пријави и то би био крај“ сигуран је био Томан.

У болницу су као и сваког јутра стигли на време. Прво су отишли до дечака Наима и прегледали га. Били су задовољни његовим стањем.

Потом су отишли у операциону салу. Пацијент је већ био на операционом столу. Доктор Томан је погледао

„документацију“ и уопште није био изненађен када је уместо имена и презимена угледао број 1.038. Човек који га је носио није имао више од 35 година, а доктор није морао да проверава да ли је обрезан или није. Препознао га је. Све му је било јасно, јасније него икада.

Био је то радник обезбеђења КБЦ у Приштини, Жарко, кога су киднаповали много раније. Када је видео да њему ваде јетру, знао је да је то смрт за Жарка а живот за некога ко има име, презиме, али и велике паре.

Где иду паре којима се плаћају људски органи изваћени у овој болници, знао је само „господин“ Башким. Доктор Томан, озбиљно потресен откад је препознао човека из обезбеђења у КБЦ Приштина трудио се само да буде физички присутан ту. Операцију вађења су извршили млади доктори. Они који су „специјализовали“ поред доктора Томана.

То што им је омогућио да науче, да им пренесе своје знање и искуство, то је посебно доживљавао као свој грех. Није то хтео да опрости себи, али није хтео да опрости још некоме.

Опет је, у тренутку спуштања органа у посебну посуду, зачуо злокобни звук хеликоптера, те ружне и бучне направе која значи сигурну смрт, али не само за Жарка већ и за још троје људи.

Вратили су се у ординацију Ета и Томан. Ћутали су дуго. Ета је знала да је доктор Томан на трагу да сазна истину. И она је била спремна да му у томе помогне. На то ју је терало оно што је она знала, а доктор није. Поред осталих, одраслих којима су вађени органи, ни дечак кога су звали Мали није завршио у рехабилитационом центру.

Сви они су, директно из операционе сале, ношени у мртвачницу, а касније нико не зна где.

То што су Малога једно време лечили, то је само зато што је Башким хтео да помогне Ети да приђе ближе доктору Томану.

Радно време у болници приближавало се крају. Ета и Томан полако су се спремали да крену „кући“. Пре тога отишли су да виде Наима. Његово стање било је непромењено у односу на јутарње. Причао је са мамом Етом, свега неколико минута, јер није имао снаге. Доктор Томан је пришао и пољубио дечака, Наима, Албанца коме је спасио живот. Пољубио га је искрено, родитељски, у чело, само једном.

Док су напуштали болесничку собу и ишли према излазу Доктор Томан је знао да последњи пут гледа болницу, и да су то последњи сати његовог живота.

Осећај да је на корак до ослобођења га је радовао.

Ета му је успут објашњавала шта је све јуче купила, како изгледа постељина, какве су боје пешкири. Причала му је све и једва је чекала сутрашњи дан.

Радовао се и он, али из другог разлога.

Стан је одисао чистоћом, већ на први поглед видело се да је све беспрекорно чисто, да су постељина и пешкири промењени као и сваког дана.

Томан се опружио преко кревета глумећи велики умор. Хтео је само да провери да ли је скалпел на месту.

Гурнуо је руку испод јастука и осетио је скалпел у душеку.

Било је скоро 16.00 часова.

Томан је из тренутка у тренутак постајао све више узбуђен, али је то морао да прикрије од Ете, јер она би га свакако питала шта је узрок таквом његовом стању.

За сваки случај, предложио је Ети да му покаже једну по једну ствар коју је јуче купила, како би имао чиме да буде одушевљен.

Радовао се због тога. Није хтео нити могао да сакрије ту „радост". Да би је оправдао тражио је од Ете да му сада показује једну по једну ствар коју је јуче истрговала.

Ета, сва радосна што мушкарац какав је Томан уопште показује интерес за купљене ствари, износила је пред њега једну по једну ствар. Спремачице су се већ побринуле да свака буде опрана, опеглана и уредно сложена. Ета је, као на некој аукцији, с посебном пажњом пред Томана стављала једну по једну ствар. Прво му је показала његов веш, уверена да ће му се допасти, онда чаршаве, пешкире, неке ситнице за Наима, и још неке за кућу. За крај је оставила њен веш, очекујући не само да ће њиме одушевити Томана, него да ће подстаћи његову машту и чежњу за својим складним телом, непосредно пре него што је поптпуно узме.

Томан је био искусан мушкарац, и добро је знао како треба да се понаша према жени која очекује да му се „преда". Али је знао и оно што Ета није могла ни да наслути, знао је да му је од живота остало још највише два сата.

Није осећао никакав страх од смрти. Напротив, бојао се једино, да га она не заобиђе.

Ета је подсетила Томана да треба да се пресвуче и среди, јер се полако приближавало време да крене. Облачење га је вратило у рану и срећну младост, када се спремао за први излазак. Све је на њему било ново, од чарапа до краваре. За то се побринула Ета, рачунајући сто посто да, коначно, успешно окончава своју мисију за Сигурими.

„Само још једну ноћ, и наћи ћу се на списку за унапређење", радовала се тајно.

Чудне су биле њихове тајне. Свако је имао своју, заједничке нису постојале, иако су Ета и Томан планирали „заједнички живот".

Кад је стигао возач, Томан се на тренутак запитао да ли овај човек некада напушта радно место, и одлази кући, или можда и он спава у кампу и припада терористичкој групи. Његово размишљање било је последица мале несигурности, изазване чињеницом да у џепу сакоа има скалпел умотан у марамицу коју му је Ета, такође, јуче купила.

За разлику од Томана, Ета је блистала сигурна у своју лепоту, јер је дотеривању и шминки посветила више времена него обично, иако је знала да неће улазити код господина Башкима, него да ће време које ће с њим провести Томан, бити у канцеларији са Шпресом.

До кабинета владара живота и смрти, господина Башкима, стигли су за свега неколико минута. Учинило им се – брже него икада пре.

Испред зграде их је већ чекао човек у цивилу, што је доктора Томана мало узнемирило јер је ту могућност превидео. Показало се да је човек био ту само да их дочека и отвара им врата до циља.

Према канцеларији секретарице Шпресе доктор Томан је ишао високо дигнуте главе, као некада у Приштини. Урадио је то, сада, први и једини пут откако се нашао у приватној болници у Тирани, где је важио „закон" звани Башким.

Само што су закорачили у Шпресину канцеларију, из које се улазило код господара болнице, она је журно устала и зажелела им добродошлицу. Онда је свом шефу телефонирала да је доктор Томан стигао, и отворила врата кабинета у коме је господин Башким.

већ чекао високог госта.

Ета је са човеком у цивилу остала у Шпресиној канцеларији, поштујући овај изузетан тренутак у коме су њен налогодавац и њен човек и жртва истовремено, требали да се сретну „очи у очи“.

„Зашто овај господин није прошао кроз КДЗ врата“, изненада је са столице скочио полицајац у цивилу и питао Шпресу.

„Зато што је тако наредио господин Башким“, без додатног објашњења одговорила му је Шпреса.

Само десетак минута пошто је доктор Томан ушао у кабинет „великог брата“, зазвонио је Шпресин телефон. Господин Башким је тражио да се донесе послужење. Елегантан мушкарац убрзо је унео овал са пршутом и сиром, други је ишао за њим носећи пиће, а трећи албански национални специјалитет, филију. То је пита у којој између кора нема ништа осим биљне мрси. Обично се служи после главног јела, или у оваквим приликама, најчешће са овчијим киселим млеком.

Ова три момка личила су на све осим на конобаре.

Имали су поглед, корак и став војника, озбиљност обавештајца и брзину специјалца.

„Вероватно то и јесу“, са сигурношћу је за себе констатовао доктор Томан.

Просторију су напустили истог тренутка када су добили знак од господина Башкима. Само подизање његових обрва за „сиве вукове“ са Проклетија је довољно да знају шта треба да ураде.

Причао је господин Башким, хвалио доктора и оно шта је урадио за Ету, односно њеног сина.

„Ми ћемо свакако знати то да ценимо“, више пута је поновио домаћин.

Онда је у част госту подигао чашицу и рекао:

„А сада је време да попијемо по једну шљивовицу, препеченицу из Метохије“, коју је „велики брат“ још неколико пута похвалио.

Када је доктор Томан спустио поглед на послужење, зачудио се. У једном великом овалу са једне стране је била сервирана говеђа пршута, а са друге свињска. Башким је приметио његово изненађење и насмејао се, а онда замолио госта да се опусти и да попију још по једну у част свега што је урађено, и то „на екс“, како се каже у народу.

Тај тренутак се Томану учинио правим за оно шта је наумио, али је знао да му је скалпел у десном џепу а да десном руком треба да наздрави. Брзо је размишљао, и сетио се да је код Срба обичај да се по испијању пића „на екс“ прекрстимо и пољубимо са оним коме на-здрављамо, и то рекао Башкиму.

„Какав је то проблем ако сам вам понудио свињски пршут, могу да вам омогућим и да се прекрстите, мени то не смета“, обратио се госту свемоћни Башким, под-ржавајући његову намеру да се прекрсти.

Устали су, подигли чашице, погледали се у очи и потом углас рекли – у здравље малог Наима, куцнули се и кренули да испијају метохијску ракију.

Томан је своју буквално просуо у грло, пребацио чашу у леву руку и прекрстио се.

Башким је своје пиће ипак попио из два пута, јер није навикао на љуту српску препеченицу. Када је други пут дигао главу, Томан је марамицом која је била у истом џепу где и скалпел обрисао браду и уста и вратио је у цеп тако да то види господин Башким.

Пружили су леве руке један другоме на раме, са намером да се изљубе, како налаже обичај.

Када су били у загрљају, Томан је десном руком из цепа извадио скалпел и свом снагом га забио Башкиму у срце. Хируршки прецизно. Домаћин је пустио само кратак, слабашан глас у тренутку убода, и пао. Ништа више.

У тренутку када је утрчала секретарица Шпреса Башкиму се тресла само једна нога, као да је доживео струјни удар.

Доктор Томан ју је хладнокрвно ухватио Шпресу за главу, тргнуо је уназад и пресекао јој гркљан.

„Зашто, зашто, заштоооо...", вриштала је избезумљена Ета.

Томан је у рукама држао окрвављени скалпел и упутио јој благ, тријумфалан осмех.

Мушкарац у цивилу је тога тренутка из пиштоља пуцао у доктора Томана. Погођен у грудни кош, он је пао и гледајући Ету у очи изговорио, вероватно, последње речи:

„Нисам изневерио Веру"!

Док су лекари дотрчали доктор Томан се већ гушио у сопственој крви. За њима су дојурили полицајци у униформи и цивилу, па чак и војници. Полицајац у цивилу одмах је Ети ставио лисице на руке.

Један од доктора констатовао је да је др Томан жив, да није смртно погођен. Наредио је да га одмах пребаце у болницу. Отада се о доктору Томану, Србину из Приштине, никада и ни од кога више није чуо ниједан податак.

Епилог

Сутрадан је у албанским медијима осванула ударна вест о којој се дуго причало:

„Власник приватне болнице у Тирани, Башким Никћи извршио је убиство и самоубиство."!

У доста штуром образложењу као разлог двоструког убиства наведена је неузвраћена љубав и љубомора.

Шпреса и Башким су сахрањени тог истог дана.

Доктор Томан је, највероватније, мртав, али потврде о томе нема. Њега нико и никада више није спомињао, не само у вези овог случаја, већ уопште.

Ета је била осуђена на 12 година затвора због издаје, без образложења. Са писцем овога романа, докторка Ета се срела у Улцињу на Црногорском примирју 2011. године. Упознали су се на друштвеној мрежи „фејсбук", пошто је Ета читала његове коментаре о догађајима на ратом захваћеном Косову и Метохији, и Албанији, везаним за трговину људским органима, и пожелела да се упознају. Поред Ете на плажи је стално био њен син, са видљивим ожиљцима по целом телу. Разговарали су на албанском, јер докторкин син није знао ни реч српског. О догађају описаном у роману докторка Ета никада није проговорила ни реч, али је са аутором и даље у контакту.

О АУТОРУ

Рођен у Српској Приштини 1960 године, 20 априла. Отац Велиша, стари полицајац, рођен у Албанији, све синове, па и Славка, на време је задојио патриотизмом, али и упозорио да није лако живети поред Албанаца, а бити хришћанин, православац, па још и Србин. То је Славку била звезда водиља кроз живот, о томе пише, јавно говори, али и кроз стихове збори.

Основну и средњу школу је завршио у родној Приштини, факултет у Београду. Од ране младости ухватио се у коштац са најопаснијом врстом криминалаца, нарко дилерима, као оперативац криминалистичке полиције МУП-а Србије. Све време његовог битисања у МУП-у, радио је само то. Открио је најопасније нарко кланове најскромније (Балкана) Европе.

У том послу се није штедео, није имао ни једну неуспелу акцију. Једини је живи члан екипе, коју је некада предводио. За себе каже да још није завршио са том борбом, те да га прави рат са нарко-мафијом тек чека.

Када је Балкан букнуо, када је грађански рат захватио и његову земљу, није се крио. Јавио се као добровољац и отишао у ратну зону, од Петрове горе изнад Книна, па до Зворника. Последње дане на ратном подручју, провео је у Црној Ријеци са командантом главног штаба војске Републике Српске. Признање за оно што је радио, добио је лично од Ратка Младића.

Рат на Косову и Метохији, провео је бранећи свој народ

од напада шиптарских банди и Албанске војске, са копна и Нато алијансе из ваздуха. Неизбрисив траг, његовог деловања, остао је поред језера Газиводе. Једини је официр, који је писао и јавно говорио о својим заробљеницима - шиптарима. Сећа се њихових имена и помиње их у својим књигама.

На питања новинара : -Зашто је почео да пише ? " Покушао сам да спречим убиство премијера Зорана Ђинђића , иако га нисам волео, нити се слагао са његовом политиком. Нису ме ухапсили други, него они који су то убиство осмислили, припремили и реализовали. То је ДОС. Када сам схватио шта се дешава у самици број 18, Централног затвора у Београду, одлучио сам да напишем, макар део онога шта знам и чега се сећам ". Тако одговара на питање новинара.

По изласку из затвора књиге објављује једну за другом: Исповест Можда, Забрањено сећање, Хотел Парк Приштина, Нулта крва група, Командантне убице, Златна нит, уз збирке песама од којих је најпознатија и најтужнија Јована, Жртве, Мала, Мина и афоризми Правила Живљења, све то заједно јесте значајан број, али за Славка је то само део живота.

Руска Федерација, Козачка војска му указује посебну част 2015 године, производи га у чин Козачког пуковника, постављају га за помоћника Атамана за безбедност и команданта за северну Српску покрајину Војводину.

Породица му је животни приоритет, па је изводећи на животни пут две ћерке, дочекао и рођење унука Луке. Жалећи своје другове, који нису имали среће да осете радост када постану деде, а који су погинули на Косову и Метохији, одлучио је да објави једну од најчуванијих тајни од Анадолије до Вашингтона. Три пута су " неки " покушали да га ућуткају и ликвидирају, једном из службеног возила МУП-а у Београду. И данас му свакодневно стижу претње од Српских непријатеља, пре свих шиптара и Албанаца, али и од наших, како Славко каже издајника.

Божјом вољом, он и даље пише, мирно шета, нема чега да се плаши, јер ничије органе није продавао, у Бога верује и нада се још којој новој књизи.

С А Д Р Ж А Ј

Славко В. Никић
ДОКТОР ТОМАН

Издавач: „Рад" а.д.
Београд, Дечанска 12
За издавача: Небојша Николић

Тираж: 1000

Припрема за штампу: Научна КМД, Београд
Штампа: Научна КМД, Београд

CIP - Каталогизација у публикацији -
Народна библиотека Србије, Београд

355.1-058.65(=163.41)(497.113)
821.163.41-92

НИКИЋ, Славко В., 1960-
Доктор Томан / Славко В. Никић. - Београд : Рад, 2015
(Београд : Научна КМД). - 129 стр. ; 25 cm

Тираж 1.000. - Стр. 5-8: Реч издавача / Небојша Николић. - О аутору:
стр. 127-129.

ISBN 978-86-09-01061-3

а) Жртве рата - Срби - Косово и Метохија - У успоменама
COBISS.SR-ID 217657356

--
Драган Милошевић / Dragan Milošević

Народна библиотека Србије, установа културе од националног значаја /
National Library of Serbia, Cultural Institution of National Importance
Тел/Tel. +381 (0)11 3088-918; 2451-242 (ext)38
E-mail: dragan.milosevic@nb.rs